Brotzeit

AUTORINNEN: ERIKA CASPAREK-TÜRKKAN/PETRA CASPAREK | FOTOS: JÖRN RYNIO

Praxistipps

Extra

Rezepte

Die richtige Wahl

Wir leben in einem Brot-Paradies mit üppigem Angebot. Im europäischen Vergleich liegt Deutschland weit vorne mit über 300 Brotsorten ohne Ende.

Die Qual der Wahl

Nun ist eine Brot-Zeit eine Mahlzeit, zu der Brot gegessen wird, also möchte man gerne dafür die richtigen Sorten auswählen. Das kann manchmal schwer fallen! Stehen überwiegend Wurst, Braten oder Käse auf dem Programm, liegt man mit herzhaftem Bauernbrot nicht falsch. Zu streichzarten Cremes bevorzugt der eine knuspriges Baguette, der andere kräftiges Vollkornbrot. Am besten, Sie richten sich mit einer guten Auswahl an Brotsorten und Brötchen auf unterschiedliche Vorlieben ein.

Qualität vom Bäcker

Immer mehr Backshops mit industriell hergestelltem Brot zu Niedrigstpreisen erobern unseren Markt. Fertige Mehlmischungen für alle möglichen Brotsorten landen in den Backstuben der Großbäcker. Die Zutatenlisten sind lang und oftmals schwer zu enträtseln. Ein handwerklich arbeitender Bäcker dagegen weiß, woraus ein gutes, bekömmliches Brot besteht und dass viel Sorgfalt und Geduld nötig sind, den Teig herzustellen. Es lohnt sich, nach einem solchen Bäcker zu suchen. Oft hilft dabei Mundpropaganda.

Zu empfehlen ist auch die Brottheke im Bio-Laden, die jeden Tag frisches Brot anbietet. Das ist zwar etwas teurer, aber man kann sicher sein, dass dieses Brot, wenn Sie es richtig aufbewahren (s. Seite 5), auch nach ein paar Tagen noch immer gut schmeckt und bis zum letzten Kanten gerne gegessen wird.

Der richtige Umgang mit Brot

Frisches, vielleicht noch ofenwarmes Brot sollte man erst ein paar Stunden offen liegen lassen, damit es Feuchtigkeit abgibt und fester wird. Dann schimmelt es nicht so schnell und weicht später beim Belegen nicht so leicht durch. Soll Brot am gleichen Tag verbraucht werden, kann man es in der Papiertüte, in der es gekauft wurde, aufbewahren. So bleibt die Kruste knusprig. Das trifft vor allem auf frische Brötchen und Baguette aus Weizenmehl und Hefe zu. Ein kräftiger Brotlaib aus dunklem Mehl und Sauerteig braucht nach dem Backen etwa 1 Tag Reifezeit, bis er sich gut schneiden lässt und richtig schmeckt. Ein Bauern- oder Vollkornbrot von guter Qualität schmeckt auch noch nach einigen Tagen.

Semmelbrösel

Brot einfrieren

Brot aufbewahren

Richtig aufbewahren – lange genießen

Zwei oder drei unterschiedliche Brotsorten reichen aus für eine Brotzeit. Im Biergarten bekommt man meistens, zumindest im Süden Deutschlands, ofenfrische Brezen. Wurde der Brothunger überschätzt oder überhaupt zu viel Brot eingekauft, wird ein kalkulierter Teil in den nächsten Tagen verbraucht und der Überschuss eingefroren. Wenn Sie Brot in Scheiben einfrieren, hat das einen großen Vorteil: Es taut schneller auf als ein ganzer Laib. Und etwas länger als gewöhnlich getoastet, braucht es nicht lange aufzutauen und ist im Nu verzehrbereit.

Brot wird nicht zu schnell trocken, wenn man es in einem Keramik-Brottopf mit Luftlöchern aufhebt. Sogenannte Brotseide, speziell beschichtetes Einpackpapier, das manche Bäcker verwenden, eignet sich ebenfalls für die Aufbewahrung, ebenso Brotsäckchen aus Baumwolle mit luftdurchlässigem Innenfutter. Vor allem bei schwül-warmem Wetter kann Brot schon nach ein paar Tagen zu schimmeln anfangen, dann muss es leider weggeworfen werden. Deshalb sollten Sie bei diesem Klima das Brot, v. a. Toastbrot, vorsichtshalber geruchsdicht verpackt im Kühlschrank aufbewahren.

Brotreste nicht wegwerfen

Auch altes, trockenes Brot ist zu schade zum Wegwerfen! Es gibt viele Möglichkeiten, es noch aufzubrauchen. Trockenes Weißbrot kann man einweichen und für Frikadellen verwenden, reiben oder im Mixer zerkleinern und zum Panieren nehmen. Aus Stückchen trockenem, auch dunklerem Weizenbrot, frischen Zutaten, Kräutern und gutem Olivenöl bereitet man in der Toskana einen köstlichen Salat. Und die Armen Ritter, die Mehlspeise aus in Pfannkuchenteig ausgebackenen trockenen Weißbrotscheiben, sind nur dem Namen nach arm.

Was macht das Brot zur Brotzeit?

Appetitlich belegte Brötchen oder Schnittchen, eine Platte mit Käse, Wurst und Braten, Salate oder Aufstriche, das alles kann eine gelungene Brotzeit ausmachen.

Klassische Platte mit Wurst, Braten, Käse

Frischwurst oder Käsescheiben werden schnell unansehnlich, lieber Dauerwurst wie Salami, Krakauer oder Schinken und zwei bis drei Käsesorten am Stück einpacken. Dazu saure Gürkchen oder eingelegtes Gemüse, Radieschen, Paprikastreifen, Apfel- oder Birnenecken, Trauben und/oder frische Feigen anrichten. Laugengebäck und Brötchen, Bauernbrotschnitten und Vollkornbrot ergänzen ein Angebot, das wenig Vorbereitungszeit beansprucht.

Am liebsten vegetarisch?

Kartoffel-Tortilla, Getreide-Pflanzerl, Tomaten- oder Pilzcreme, Kartoffel-Knoblauch-Creme und Salate, das und vieles mehr findet sich in diesem Buch.

Bayerische Brotzeit

Die Zutaten kosten nicht viel, und der Zeitaufwand hält sich in Grenzen. Mit Gemüse- und Obststücken lässt sich alles dekorativ anrichten. Dazu zwei bis drei Brotsorten oder auch Knäckebrot servieren.

Traditionell bayerisch

Obazda, Wurstsalat, Fleischpflanzerl – das gehört in Bayerns Biergärten unbedingt dazu. Und natürlich die frische Breze, gerne auch Salzstangen à la 50er-Jahre. Dazu gibt es Radi: Ein langer, weißer Rettich wird am Tisch mit einem Radischneider dünn zu einer Spirale aufgeschnitten. Zwischen die einzelnen Scheiben kommt Salz, damit der Radi ordentlich »weinen« kann und an Schärfe verliert. Für das Fleischliche finden sich genug Rezepte im Buch. Ein kühles Helles vom Fass, ein Weizenbier, ein Radler (helles Bier mit Zitronenlimonade), einen Russ' (Weizenbier mit Zitronenlimonade) oder eine Wein- oder Apfelschorle gibt es dann am Ausschank.

Mediterran wie im Urlaub

Toskana- oder Provence-Feeling, der Geschmack von Griechenland – Urlaubsstimmung im deutschen Biergarten oder beim Picknick macht glücklich. Dazu verhelfen viele Rezepte aus dem Buch. Baguette oder Ciabatta, Fladenbrot und Bauernbrot aus dem Süden (s. Rezepte in der hinteren Klappe), schwarze und grüne Oliven, Cocktailtomaten und Paprikastückchen ergänzen das Angebot mit frischen Aromen. Wein oder Weinschorle aus südlichen Anbaugebieten passen bestens dazu, doch natürlich auch Bier und Alkoholfreies.

Für Individualisten

Natürlich kann man den Picknickkorb auch nach eigenem Geschmack und gegebenen Möglichkeiten packen. Suchen Sie aus den Rezepten aus, was besonders verlockt und zeitlich machbar ist. Auch kalorienarme Gerichte sind dabei wie Hähnchenspieße, Rindfleisch- oder Bohnensalat, Kartoffelsalat und Obstsalat zum Nachtisch. Die Salate machen schön satt, sodass man wenig Brot dazu braucht.

Ruck, zuck! aus dem Supermarkt

Wer keine Zeit für große Vorbereitungen hat oder sich spontan in den Biergarten oder zum Picknick verabredet, kann sich auch im Supermarkt schnell eine Brotzeit zusammenstellen: eingelegtes Gemüse wie Oliven, Artischocken, fertige Antipasti; Schafkäse, der bei Tisch mit etwas Oregano bestreut und mit Olivenöl beträufelt wird; Bratenaufschnitt oder Chorizo (spanische Paprikawurst); Thunfischstücke in Öl oder geräucherte Forellenfilets, die nur noch mit Zitronensaft beträufelt werden; Paprikaschoten, Gurken und Tomaten zum Aufschneiden, Rucola und Mini-Romanasalat. Dazu der eine oder andere selbst gemachte Aufstrich aus diesem Buch und – nicht vergessen: das Brot dazu.

Verlockend belegt: Brote und Co.

Wraps oder Tramezzini, gefüllte Pita-Brote oder fein belegte Sandwiches, auch dafür liefert der Rezeptteil Anregungen, für eine Radtour oder Wanderung ebenso wie für den Biergarten. Sie alle sind gut vorzubereiten, lassen sich einfach einpacken und überall hin mitnehmen. Getränke sind dabei (das ist im Biergarten allerdings tabu) oder werden vor Ort gekauft.

Draußen feiern mit Kindern

Wenn die Sonne lacht, finden die schönsten Feste unter freiem Himmel statt. Dann geht es auf zum Spielplatz oder einer Wiese, damit die Kinder viel Platz zum Spielen und Toben haben. Wenn der große Hunger kommt, sind Sie mit unseren Rezepten bestens gewappnet. Ideal für die Kleinen und gut mitnehmen lassen sich zum Beispiel die beliebten Fleischpflanzerl – Ketchup nicht vergessen! –, dazu gibt es bunten Nudel- oder Kartoffelsalat. Würstel- oder Wurstsalat sind auch immer beliebt und schmecken zusammen mit backfrischen gebutterten Brezen. Und etwas Süßes darf natürlich auf keinen Fall fehlen. Die kleinen Schokoladen-Cakeballs lassen sich einfach aus der Hand essen.

Brotzeitkorb

Brotzeit aus dem Supermarkt

Belegte Brote

Gut verpackt und aufgedeckt

Damit die Brotzeiten die Reise unbeschadet überstehen, müssen sie sicher verpackt und vielleicht sogar gekühlt werden. Bei der Wahl der Gefäße und Behälter kann auch ihr Gewicht eine Rolle spielen. Und schön aussehen soll es auch noch. Kein Problem, denn viele Hersteller haben sich auf transportable Speise-Behälter spezialisiert, da ist für jeden Geschmack und Anlass etwas dabei.

Kunststoff- und Glasbehälter

Kunststoff- oder Glasbehälter mit fest schließenden Deckeln sind sicher in jedem Haushalt vorhanden. Hier sollten Sie übrigens ab und zu unansehnlich gewordene Behälter durch neue ersetzen. Sehr praktisch sind doppelstöckige Gefäße aus festerem Kunststoff. Und ein Tipp für alle, die gerne reisen: Achten Sie auf Märkten und in Haushaltsgeschäften auf picknicktaugliche Gefäße. In Asien etwa gibt es noch die stapelbaren Aluminium- oder Emaille-Schüsseln, in Skandinavien schöne Kunststoffdosen und -schüsseln im sachlichen Design.

Weck-Gläser

Gut zum Transportieren eignen sich auch Konserven- und Weckgläser. Sie zeigen, was sie in sich haben und sind so ein Blickfang auf der Outdoor-Tafel. Sie müssen für den Transport mit Picknickdecke, Servietten, Geschirrtüchern und Ähnlichem gut gepolstert werden. Für lange Fußmärsche und anspruchsvolle Radtouren sind sie allerdings zu schwer und daher eher ungünstig.

Kühlen

Taschen, Rucksäcke und Behälter mit Kühlakkus gibt es für jeden Bedarf. Wenig Platz benötigen Kühlakkus, die man immer im Gefrierfach bereithalten kann. In Geschirrtücher gewickelt und zwischen die Lebensmittel gesteckt, halten sie die Temperatur im Picknickkorb einige Zeit. Und ganz old-fashioned, aber sehr wirkungsvoll: einen Eimer an den See, Fluss oder ins Freibad mitbringen, mit kaltem Wasser füllen und die Getränke und das gut verpackte Essen darin kühl halten.

Butterbrottüten und Frischhaltefolie

Papier oder Plastik? Keine Frage, der Umwelt zuliebe werden trockene Picknickzutaten in Butterbrotpapier und -tüten gewickelt. Wer kreativ sein mag, kann sie nach Belieben bedrucken, bemalen, beschriften und designen. Wird es saftig, kommt die Papierverpackung jedoch schnell an ihre Grenzen. Frischhaltefolie sorgt dann dafür, dass nichts ausläuft und Chaos im Picknickkorb anrichtet.

Insektenschutz

Ab Mitte Juli machen sich gerne ungebetene Fluggäste über unsere Brotzeit her. Da hilft nur eines: so wenig wie möglich offen stehen lassen. Sehr praktisch ist da eine Art Haube aus luftdurchlässigem Netzgewebe, die das Essen schützt. Bierdeckel für Getränke sind auch zu empfehlen. Insektenschutzkerzen und andere, mehr oder weniger appetitliche Wespenfallen wirken eher weniger, bzw. locken die Wespen erst recht an.

Dosen und Gläser

Weckgläser

Kühltasche und Akku

Butterbrottüten und Folie

Insektenschutz

Herzhafte Begleiter

Wenn Brot und Brötchen zur Brotzeit werden, sind kalte Braten und Sülzen, Rollmöpse und Tortillas beliebte Partner. Denn sie schmecken warm und kalt gleichermaßen gut. Unsere Lieblings-Begleiter zur Brotzeit sind die klassischen Fleischpflanzerl, auch Bouletten oder Frikadellen genannt, mit Ketchup, Chutney, Senf oder einfach pur …

Fleischpflanzerl

1 altbackenes Brötchen
2 Schalotten | 1 kleine Knoblauchzehe
¼ Bund glatte Petersilie
600 g Rinderhackfleisch (oder halb und halb)
1 Ei | 1 TL mittelscharfer Senf
Salz | Pfeffer | 1 TL edelsüßes Paprikapulver
1 TL Kräuter der Provence | 4 EL Öl

Für 4 Personen | 50 Min. Zubereitung
Pro Portion ca. 475 kcal, 37 g EW, 33 g F, 7 g KH

1 Das Brötchen vierteln und 10 Min. in warmem Wasser einweichen. Ausdrücken, fein zerpflücken und in eine große Schüssel geben. Schalotten und Knoblauch schälen. Die Schalotten sehr fein würfeln, den Knoblauch durch die Presse drücken.

2 Die Petersilie waschen und trocken schütteln. Die Blättchen abzupfen und fein hacken. Mit Schalotten, Knoblauch, Hackfleisch, Ei und Senf in die Schüssel zum Brötchen geben. 1 TL Salz, 1 gute Prise Pfeffer, Paprikapulver und Kräuter der Provence dazugeben und alles, am besten mit den Händen, zu einem glatten Teig verarbeiten.

3 Den Fleischteig abschmecken und zwölf etwa 4,5 cm dicke Fleischpflanzerl formen. Das Öl in einer beschichteten Pfanne stark erhitzen. Die Fleischpflanzerl hineingeben und bei mittlerer Hitze von jeder Seite etwa 5 Min. braten, bis sie schön braun und durchgebraten sind.

GUT ZU WISSEN

Wer keinen rohen Hackfleischteig abschmecken mag, kann ein kleines Probebällchen formen und vor dem Probieren durchbraten. Gar sind die Fleischpflanzerl übrigens, wenn sie auf Druck nicht mehr nachgeben und sich prall anfühlen. Die Pflanzerl kann man gut 3–4 Tage im Kühlschrank aufbewahren. Zum längeren Lagern am besten portionsweise einfrieren.

italienisch inspiriert | raffiniert

Kräuter-Schweinebraten

1 kg Schweinerollbraten
Salz | Pfeffer | 3 Knoblauchzehen
je 1 Bund Basilikum und Petersilie
je 3 Zweige Rosmarin, Oregano, Minze und Thymian
8 Salbeiblätter (frisch oder getrocknet)
3 EL Zitronensaft
5 EL Olivenöl | ¼ l trockener Weißwein
Küchengarn

Für 6 Personen | 40 Min. Zubereitung
3 Std. Durchziehen | 2 Std. Garen
Pro Portion ca. 430 kcal, 28 g EW, 31 g F, 2 g KH

1 Den Rollbraten auseinander nehmen und mit Salz und Pfeffer einreiben. Den Knoblauch schälen, in eine Schüssel pressen. Die Kräuter abbrausen, trocken schütteln, die Blättchen und Nadeln fein hacken. Kräuter zum Knoblauch geben und alles mit Zitronensaft und 3 EL Olivenöl mischen.

2 Das Fleisch mit der Kräutermischung bestreichen, aufrollen und mit Küchengarn fest zusammenbinden. In Frischhaltefolie wickeln und im Kühlschrank 3 Std. durchziehen lassen.

3 Den Backofen auf 160° vorheizen. In einem großen Bräter das restliche Olivenöl erhitzen und den Braten darin rundum scharf anbraten. Den Wein dazugeben und das Fleisch offen im Ofen (Mitte, Umluft nicht geeignet) 2 Std. braten. Zwischendurch immer wieder mit Wein begießen. Den fertigen Braten zum Schluss unter dem Grill oder bei 250° (Oberhitze) 5 Min. bräunen. Das Fleisch abkühlen lassen und kalt in dünne Scheiben aufschneiden.

herzhaft | wenig Aufwand

Kassler mit Senf-Honig-Kruste

500 g Kassler Rippenstück ohne Knochen, vorgegart und unzerteilt
3 TL Rôtisseur-Senf (französischer grober Senf)
3 TL Honig
1 TL Mehl

Für 4 Personen | 15 Min. Zubereitung
25 Min. Backen | 1–2 Std. Abkühlen
Pro Portion ca. 220 kcal, 27 g EW, 10 g F, 7 g KH

1 Den Backofen auf 250° vorheizen. Das Fleisch trocken tupfen und auf einen Teller legen. Aus Senf, Honig und Mehl eine Paste rühren. Das Fleisch von allen Seiten damit einreiben.

2 Ein rundes Blech (z. B. ein Pizzablech oder auch das Backblech) mit Backpapier auslegen. Das Fleischstück daraufsetzen und im Ofen (Mitte, Umluft nicht geeignet) 20–25 Min. backen, bis es eine schöne braune Kruste hat. Das Fleisch erkalten lassen. Dann in dünne Scheiben schneiden und zum Mitnehmen einpacken.

UND DAZU?

Herzhaftes Bauernbrot oder Vollkornsemmeln als Beilage mitnehmen. Dazu schmecken saure Gürkchen, Radieschen oder weißer Rettich.

links: Kräuter-Schweinebraten | rechts: Kassler mit Senf-Honig-Kruste

Klassiker | würzig

Mini-Schnitzel

500 g Schweineschnitzel, aus dem Schinken geschnitten
Salz | Pfeffer
3 EL Mehl | 2 Eier
2 TL getrocknete Kräuter der Provence
150 g Semmelbrösel | 80 g Butterschmalz

Für 4–6 Personen
30 Min. Zubereitung | Pro Portion (bei 6)
ca. 315 kcal, 24 g EW, 14 g F, 22 g KH

1 Die Schnitzel trocken tupfen und mit der glatten Seite des Fleischklopfers leicht klopfen. Jedes Schnitzel in 3–4 gleich große Stücke schneiden und beidseitig mit Salz und Pfeffer bestreuen.

2 Das Mehl auf einem flachen Teller ausbreiten. Die Eier in einem tiefen Teller verquirlen, die Kräuter zwischen den Fingern zerreiben und unter das Ei mischen. Semmelbrösel in einen tiefen Teller geben.

3 Das Butterschmalz in der Pfanne gut erhitzen. Die Fleischstücke zuerst beidseitig in Mehl wenden, dann in Ei und anschließend in Bröseln. Die Panade andrücken und die Schnitzelchen nach und nach knusprig braun braten. Auf Küchenpapier entfetten.

UND DAZU?

Gemüse-, Nudel- oder Kartoffelsalat. Oder die Schnitzel mit Salatblättern zwischen Brötchenhälften oder aufgeschnittene Baguettestücke legen.

HERZHAFTE VARIANTE

100 g Semmelbrösel mit 100 g geriebenem Parmesan vermischen, die Schnitzel wie im Rezept beschrieben damit panieren und ausbacken.

raffiniert | würzig

Gefüllte Putenbrust

2 Schalotten | 1 Knoblauchzehe
1 Stück frischer Ingwer (3 cm)
100 g getrocknete Aprikosen, ungeschwefelt
2 EL Öl | 150 ml trockener Weißwein
Salz | Pfeffer
Chilipulver | 1 TL gemahlener Koriander
500 g Putenbrust | 2 EL Zitronensaft
¼ Bund Koriandergrün | 30 g Semmelbrösel
Küchengarn
1 Stück Bratschlauch (etwa 40 cm lang)

Für 4 Personen
30 Min. Zubereitung | 1 Std. Garen
Pro Portion ca. 310 kcal, 33 g EW, 7 g F, 21 g KH

1 Den Backofen auf 180 ° vorheizen. Schalotten, Knoblauch und Ingwer schälen und fein würfeln. Aprikosen klein schneiden. Öl in einer Pfanne erhitzen. Schalotten, Knoblauch und Ingwer darin andünsten. Mit 100 ml Wein ablöschen, Aprikosen dazugeben. Alles 5 Min. einkochen lassen. Mit Salz, Pfeffer, 1 Prise Chili und Koriander würzen.

2 In das Fleisch seitlich eine tiefe Tasche schneiden. Das Fleisch außen und innen mit Zitronensaft einreiben, salzen und pfeffern. Korianderblättchen fein hacken. Mit Semmelbröseln unter die Aprikosenfüllung mischen und abschmecken.

3 Die Putenbrust mit der Aprikosenmasse füllen und die Tasche mit Küchengarn zunähen. Das Fleisch in den Bratschlauch legen, den restlichen Wein dazugießen. Den Schlauch nach Anleitung verschließen und das Fleisch im Ofen (Mitte, Umluft nicht geeignet) 1 Std. garen.

links: Gefüllte Putenbrust | rechts: Mini-Schnitzel

Klassiker | gut vorzubereiten

Tafelspitzsülze

In der Sommerhitze schmeckt die kalte, säuerlich-frische Sülze am besten mit dunklem Roggenbrot, im Winter passen deftige Bratkartoffeln dazu.

1 Zwiebel | Salz
2 Lorbeerblätter | 3 Gewürznelken
1 TL schwarze Pfefferkörner
800 g Rindfleisch (Tafelspitz oder Bürgermeisterstück) | 4 Möhren
1 Stange Lauch | 150 g Knollensellerie
1 Pck. Sülzenpulver für 3/4 l Flüssigkeit
2–3 EL Weißweinessig

Für 6 Personen | 45 Min. Zubereitung
2 Std. Garen | 3 1/2 Std. Kühlen
Pro Portion ca. 275 kcal, 27 g EW, 17 g F, 4 g KH

1 Die Zwiebel waschen und halbieren. Ein Stück Alufolie auf die heiße Herdplatte legen, die Zwiebelhälften mit den Schnittflächen daraufsetzen und so lange stark erhitzen, bis die Flächen dunkelbraun geröstet sind (Bild 1).

2 Zwiebelhälften, 1 1/2 EL Salz, Lorbeerblätter, Gewürznelken und Pfefferkörner in einen großen Topf geben, mit 2 l Wasser aufgießen und aufkochen. Das Fleisch hineingeben und nicht mehr aufkochen, sondern bei schwacher Hitze knapp siedend in etwa 2 Std. gar ziehen lassen.

3 Die Möhren schälen und in 1/2 cm dicke Scheiben schneiden. Den Lauch putzen, waschen und in 1 1/2 cm dicke Scheiben schneiden. Den Sellerie schälen und in 1 cm dicke Stifte schneiden.

4 Das Gemüse 20 Min. vor Ende der Garzeit in die Brühe geben. Dann den Topf vom Herd nehmen, das Fleisch und das Gemüse aus der Brühe nehmen und separat auf Tellern abkühlen lassen.

5 Das Fleisch in 12 etwa 1 cm dünne Scheiben schneiden. Die Fleischscheiben in sechs tiefe Teller legen, mit dem Gemüse garnieren. 700 ml Brühe abmessen, aufkochen und vom Herd nehmen. Mit dem Essig und, falls nötig, mit Salz abschmecken und das Sülzenpulver hineinrühren.

6 Die Sülzenflüssigkeit zur Hälfte über Fleisch und Gemüse geben, etwas fest werden lassen. Dann mit der restlichen Flüssigkeit bedecken (Bild 2). Bei Raumtemperatur abkühlen lassen, dann die Sülze im Kühlschrank in etwa 3 Std. fest werden lassen. Mit dunklem Bauernbrot und Meerrettich servieren.

RESTE-TIPP

Brühe und übriges Fleisch lassen sich gut für den Rindfleischsalat (siehe Seite 39) verwenden.

VARIANTE: BRATENSÜLZE

Für 4 Portionen 600–800 g kalten Schweinebraten oder auch Kassler in 1 cm dünne Scheiben schneiden und mit in lange Streifen geschnittenen sauren Gurken, kleinen Silberzwiebeln und eingelegten Maiskölbchen auf sechs tiefen Tellern anrichten. Wie im Rezept beschrieben Sülzenpulver, Essig und Salz mit 700 ml selbst gekochter Brühe oder gutem Fond aus dem Glas zur Sülzenflüssigkeit verarbeiten; Fleisch und Gemüse damit begießen und fest werden lassen.

1

2

3

saftig | lecker

Gabelrollmöpse mit Dillsahne

3 Bismarckheringe (von der Fischtheke)
1 dicker Apfel | 1 rote Zwiebel
1 EL Zitronensaft
200 g Schmand
Pfeffer | Salz
1 Prise Cayennepfeffer | 1 Bund Dill
Zahnstocher

Für 4 Personen | 30 Min. Zubereitung
Pro Portion ca. 385 kcal, 20 g EW, 30 g F, 7 g KH

1 Die Bismarkheringe auseinanderklappen, halbieren, mit Küchenpapier abtupfen. Die Zwiebel schälen, vierteln und in sehr feine Streifen schneiden. Den Apfel schälen und fein raspeln, mit der Zwiebel und dem Zitronensaft mischen.

2 Den Schmand in eine Schüssel geben. Mit Pfeffer, wenig Salz und Cayennepfeffer würzen. Den Dill abbrausen und trocken tupfen. Einige Spitzen zum Garnieren beiseitelegen. Die übrigen Dillblättchen hacken und unter den Schmand rühren.

3 Die Heringshälften mit etwas Dillcreme bestreichen, mit Apfel-Zwiebel-Mischung belegen, zusammenrollen und mit Zahnstochern fixieren. Die Rollmöpse in ein Deckelglas legen, die restliche Creme in ein Extraglas, mit Dill garnieren und zu den Gabelrollmöpsen reichen.

GUT ZU WISSEN

Bismarckheringe von der Fischtheke sind Heringen aus dem Glas vorzuziehen. Diese sind meist recht weich und gehen beim Rollen kaputt.

feinstes Fingerfood

Lachs-Nuggets mit Avocadocreme

1 weiche Avocado
1 EL Sherry-Essig | Salz | Pfeffer
100 g fester Joghurt | ½ TL Dijonsenf
¼ Bund Schnittlauch
70 g Mehl | 1 Ei
1 TL geschroteter schwarzer Pfeffer
1 Prise Muskatnuss, frisch gerieben
50 ml Bier oder Mineralwasser
4 Lachssteaks, je etwa 125 g
1 Eiweiß
100 ml Öl | ½ Zitrone

Für 4 Personen | 45 Min. Zubereitung
Pro Portion ca. 620 kcal, 36 g EW, 48 g F, 14 g KH

1 Die Avocado halbieren, den Stein herausnehmen, das Fruchtfleisch aus der Schale heben und zerdrücken. Essig, ½ TL Salz, Pfeffer, Joghurt und Senf unterrühren und abschmecken. Schnittlauch waschen, trocken tupfen, in Röllchen schneiden und untermischen. Die Creme zugedeckt kalt stellen.

2 Das Mehl in eine Schüssel sieben. Ei, 1 TL Salz, geschroteten Pfeffer, 1 Prise Muskat, Bier oder Mineralwasser dazugeben und alles glatt rühren. Den Teig 15 Min. ruhen lassen. Die Lachssteaks trocken tupfen, längs halbieren, quer in sechs Stücke schneiden, mit Salz und Pfeffer würzen. Das Eiweiß halbfest schlagen und unter den Teig ziehen.

3 Das Öl in einer Pfanne erhitzen, die Lachsstücke im Ausbackteig wenden, nach und nach im Öl goldbraun ausbacken und auf Küchenpapier entfetten. Nach Geschmack mit Zitronensaft beträufeln.

oben: Gabelrollmöpse mit Dillsahne | unten: Lachs-Nuggets mit Avocadocreme

raffiniert | einfach

Kokos-Fleischbällchen mit Mango-Salsa

400 g Rinderhackfleisch
100 g Kokosflocken | 1 Ei (Größe L)
2 Schalotten | 1 Knoblauchzehe
½–1 TL thailändische rote Currypaste
1 TL gemahlener Koriander
Zucker | Salz
4 EL Öl zum Ausbacken
1 vollreife Mango
6 Stängel Koriandergrün
¼ TL Sambal Oelek
2 EL Limettensaft
1 Msp. gemahlener Ingwer
Zahnstocher

Für 4 Personen | 45 Min. Zubereitung
Pro Portion ca. 520 kcal, 26 g EW, 41 g F, 10 g KH

1 Hackfleisch mit Kokosflocken und Ei in eine Schüssel geben. Schalotten und Knoblauch schälen, sehr fein hacken und dazugeben. Currypaste (Vorsicht, kann sehr scharf sein!), Koriander, 1 gute Prise Zucker und Salz dazugeben und alles gut verkneten. Aus der Fleischmasse Bällchen mit 4 cm Ø formen.

2 Das Öl in einer Pfanne erhitzen und die Hackbällchen darin rundum anbraten. Bei mittlerer Hitze unter Wenden in 3–4 Min. fertigbraten. Auf Küchenpapier entfetten, einzeln aufspießen.

3 Für die Salsa die Mango schälen, das Fruchtfleisch vom Stein schneiden und sehr fein würfeln. Koriander waschen, trocken schütteln, fein hacken. Beides mit Sambal Oelek in eine Schüssel geben und mit Limettensaft, Ingwer und Salz pikant würzen.

Kinderhit | fettarm

Hähnchenspieße mit Kräuterdip

500 g Hähnchenbrustfilets
1 Knoblauchzehe
3 EL Zitronensaft | 2 EL Olivenöl
je ½ TL getrockneter Thymian und Oregano
Salz | Pfeffer
je 1 gelbe und orangefarbene Paprikaschote
je ½ Bund Schnittlauch, Petersilie, Dill
1/3 Kästchen Kresse | 250 g saure Sahne
½ TL fein abgeriebene Schale von 1 Bio-Zitrone
20 Schaschlik-Holzspießchen

Für 4 Personen
35 Min. Zubereitung | 1 Std. Marinieren
Pro Portion ca. 280 kcal, 30 g EW, 14 g F, 6 g KH

1 Die Holzspieße in Wasser quellen lassen. Das Fleisch in 2 cm große Würfel schneiden. Den Knoblauch schälen und in eine Schüssel pressen. Zitronensaft, 1 EL Olivenöl, getrocknete Kräuter, Salz und Pfeffer gut unterrühren. Das Fleisch mit der Marinade mischen und zugedeckt 1 Std. marinieren.

2 Die Paprikaschoten putzen, waschen und in 2 cm große Stücke schneiden. Abwechselnd mit dem Fleisch auf die Holzspieße stecken. Das restliche Öl in einer beschichteten Pfanne stark erhitzen, die Spieße hineinlegen und bei mittlerer Hitze auf jeder Seite 1–2 Min. braten oder grillen.

3 Für den Dip die Kräuter abbrausen, trocken schütteln und fein hacken. Mit der sauren Sahne verrühren, mit Zitronenschale, Salz und Pfeffer würzen. Die Spießchen heiß oder kalt servieren, den Kräuterdip dazu stellen.

links: Kokos-Fleischbällchen mit Mango-Salsa | rechts: Hähnchenspieße mit Kräuterdip

aus Spanien | schnell

Bunte Gemüse-Tortilla

2 Zwiebeln
je 1 kleine rote und gelbe Paprikaschote
6 EL Olivenöl
1 Dose Artischockenherzen (240 g Inhalt)
Salz | Pfeffer
3 EL gehackte Petersilie
600 g festkochende Kartoffeln | 4 Eier

Für 4 Personen | 50 Min. Zubereitung
Pro Portion ca. 350 kcal, 11 g EW, 21 g F, 28 g KH

1 Die Zwiebeln schälen, halbieren und in Streifchen schneiden. Die Paprikaschoten waschen, putzen und in Streifen schneiden. 2 EL Olivenöl in einer großen Pfanne erhitzen, Zwiebeln und Paprika darin bei mittlerer Hitze 5–6 Min. schmoren. Die Artischocken abtropfen lassen, längs in je 3 Scheiben schneiden und 2–3 Min. mitschmoren. Salz, Pfeffer und Petersilie untermischen. Das Gemüse in einer Schüssel beiseitestellen.

2 Die Kartoffeln schälen und in dünne Scheiben schneiden. 1 EL Öl in der Pfanne erhitzen, die Kartoffeln darin bei mittlerer Hitze 12–15 Min. braten, gelegentlich wenden. Die Eier mit Salz, Pfeffer und 2 EL Wasser in einer großen Schüssel verquirlen. Gemüse und Kartoffeln dazugeben und unterziehen.

3 1 EL Öl in der Pfanne erhitzen, die Masse darin 6–8 Min. braten, bis die Eier am Rand stocken. Gelegentlich leicht rütteln. Die Tortilla vorsichtig auf eine große Platte gleiten lassen und umgedreht zurück in die Pfanne geben. Restliches Öl am Rand dazugießen und die Tortilla zugedeckt in 5–6 Min. fertigbraten. Abkühlen lassen und in Quadrate schneiden.

für Gäste | gut vorzubereiten

Erbsen-Tomaten-Quiche

200 g Mehl | ½ TL Backpulver
100 g Magerquark | Salz
4 EL Öl | 4 EL Milch
400 g TK-Erbsen
100 g getrocknete Tomaten in Öl | 4 Eier
150 g Crème fraîche | 150 g saure Sahne
100 g frisch geriebener Gouda
Pfeffer | ½ TL edelsüßes Paprikapulver
1 TL getrockneter Thymian
Butter für die Form

Für 1 Tarteform von 28 cm Ø (8 Stück)
45 Min. Zubereitung | 35 Min. Backen
Pro Stück ca. 420 kcal, 16 g EW, 27 g F, 27 g KH

1 Das Mehl mit Backpulver, Quark, Salz, Öl und Milch glatt verkneten, zu einer Kugel formen und in Folie gewickelt 30 Min. kühlen. Backofen auf 180° (Umluft 160°) vorheizen, die Form fetten.

2 Für den Belag die Erbsen mit ½ TL Salz in einen Topf geben, knapp mit Wasser bedecken, aufkochen und bei mittlerer Hitze in 8 Min. garen. Abgießen und abkühlen lassen. Die Tomaten abtropfen lassen und in schmale Streifen schneiden.

3 Den Teig auf der leicht bemehlten Arbeitsfläche in Formgröße ausrollen und den Formboden damit belegen, den Rand leicht hochziehen. Mit der Gabel mehrmals einstechen und im Ofen (Mitte) 15 Min. vorbacken. Eier mit Crème fraîche, saurer Sahne, Gouda, Salz, Pfeffer, Paprikapulver und Thymian verrühren. Erbsen und getrocknete Tomaten untermischen. Den Guss auf dem Boden verteilen und die Quiche im Ofen (Mitte) 35 Min. backen.

links: Erbsen-Tomaten-Quiche | rechts: Bunte Gemüse-Tortilla

vegetarisch | Kinderhit

Gemüse-Ebly-Pflanzerl

250 g vorgegarte Hartweizenkörner (z. B. Ebly®)
Salz | 2 Schalotten
100 g Maiskörner (Dose) | 2 Möhren
½ Bund glatte Petersilie
3 Eier | 4 EL Semmelbrösel | Pfeffer
1 TL edelsüßes Paprikapulver
1 TL getrockneter Thymian
1 TL gemahlener Kreuzkümmel
6 EL Olivenöl

Für 4–6 Personen | 50 Min. Zubereitung
Bei 6 Personen pro Portion ca. 330 kcal,
10 g EW, 14 g F, 40 g KH

1 Den Weizen in leicht gesalzenem Wasser nach Packungsangabe garen, abtropfen und abkühlen lassen. Schalotten schälen und fein würfeln. Maiskörner abtropfen lassen. Möhren schälen und grob raspeln. Petersilie abbrausen, trocken schütteln, die Blättchen fein hacken.

2 Alle Zutaten bis auf das Öl in eine große Schüssel geben und alles gut mischen.

3 Mit angefeuchteten Händen aus der Masse 20 Pflanzerl formen, dabei gut zusammenpressen. Das Öl in einer beschichteten Pfanne erhitzen und die Pflanzerl darin portionsweise bei mittlerer Hitze rundum in 12 Min. goldbraun braten. Auf Küchenpapier entfetten und warm oder kalt servieren.

UND DAZU?

Ein Dip aus saurer Sahne und Schnittlauch, die Tomaten-Basilikum-Paste von Seite 32 oder einfach ein gutes, nicht zu süßes Ketchup.

für unterwegs | griechisch inspiriert

Teigtaschen mit Spinat

225 g Mehl | Salz | ⅛ l Olivenöl
300 g Spinat | 200 g Feta
½ Bund glatte Petersilie | Pfeffer
3 Stängel frische oder ½ TL getrocknete Minze
2 kleine Eiertomaten | 1 Ei
Mehl zum Ausrollen

Für 4 Personen
50 Min. Zubereitung | 30 Min. Ruhen
Pro Portion ca. 635 kcal, 19 g EW, 43 g F, 44 g KH

1 Das Mehl in eine Schüssel sieben und eine Vertiefung eindrücken. ½ TL Salz, 1 EL Öl und 100 ml Wasser nach und nach unterkneten, sodass ein geschmeidiger Teig entsteht. Den Teig zu einer Kugel formen und in Folie gewickelt 30 Min. ruhen lassen.

2 Den Spinat putzen, waschen und in einer heißen Pfanne bei starker Hitze zusammenfallen lassen. Dann abtropfen lassen, etwas ausdrücken, grob hacken und leicht salzen. Den Käse mit der Gabel zerdrücken. Die Kräuter waschen, die Blättchen hacken und unter den Käse mischen, pfeffern. Die Tomaten waschen und in dünne Scheiben schneiden.

3 Den Teig in zwölf gleich große Bällchen teilen und auf einer bemehlten Fläche zu runden Fladen (12 cm Ø) ausrollen. Auf jedes Teigblatt Spinat und Käse geben, je 2 Tomatenscheiben auflegen. Ei mit 2 EL Wasser verquirlen, die Ränder damit einpinseln und mit einer Gabel zusammendrücken. Das Öl in einer breiten Pfanne gut erhitzen und die Taschen darin bei mittlerer Hitze portionsweise von beiden Seiten zartbraun braten. Sie schmecken warm und kalt gleich gut.

oben: Gemüse-Ebly-Pflanzerl | unten: Teigtaschen mit Spinat

Streichzart aufs Brot

Mit feinen Cremes wird jedes noch so herzhafte Brot, jede noch so knusprige Laugenbreze zum Statisten. Pikant abgeschmeckte Pasten aus Gemüse, Käse und frischen Kräutern spielen bei der Brotzeit und im Biergarten gerne mal die Hauptrolle. Selbstverständlich auch Obazda, eine herzhafte Spezialiät aus überreifem Camembert.

Bayerischer Obazda

300 g überreifer Camembert (s. unten)
150 g Frischkäse (5 % Fett)
50 g saure Sahne
30 g weiche Butter
Salz | 2 TL edelsüßes Paprikapulver
Cayennepfeffer
1 TL gemahlener Kümmel
Zitronensaft
1 rote Zwiebel
½ Bund Schnittlauch

Für 4 Personen
25 Min. Zubereitung | 1 Std. Kühlen
Pro Portion ca. 265 kcal, 22 g EW, 18 g F, 4 g KH

1 Den Camembert in Stücke schneiden und auf einem tiefen Teller mit der Gabel sehr fein zerdrücken. Frischkäse, saure Sahne und Butter dazugeben und gut untermischen.

2 Die Käsemischung mit 1 Prise Salz, Paprikapulver, 1 Prise Cayennepfeffer, Kümmel und 1 Spritzer Zitronensaft herzhaft würzen. Den Obazdn mit Frischhaltefolie zudecken und im Kühlschrank mindestens 1 Std. durchziehen lassen.

3 Die Zwiebel schälen und in feine Ringe schneiden. Schnittlauch abbrausen, trocken schütteln und in Röllchen schneiden. Den Obazdn auf einer Platte oder auf Tellern anrichten und mit Zwiebelringen und Schnittlauchröllchen garnieren. Mit Laugenbrezen oder dunklem Bauernbrot servieren.

GUT ZU WISSEN

Das Rezept eignet sich ideal, um überreifen Camembert zu verarbeiten, den man so nicht mehr gerne aufs Brot legt. Wer einen kräftigen Obazdn wünscht, sollte deshalb reifen Camembert bei Raumtemperatur weiterreifen lassen, bis er weich ist und kräftig riecht.

ideal fürs Sandwich | blitzschnell

Thunfischcreme mit Oliven und Zwiebeln

2 Eier | 2 Dosen Thunfisch in Lake (insgesamt 260 g Abtropfgewicht) | 50 g Mayonnaise | 100 g Magerquark | 2 Knoblauchzehen | Salz | Pfeffer | Zitronensaft | 1 TL getrocknete Kräuter der Provence | 50 g grüne Oliven mit Paprikafüllung | 1 rote Zwiebel

Für 4 Personen | 20 Min. Zubereitung
Pro Portion ca. 260 kcal, 23 g EW, 16 g F, 3 g KH

1 Die Eier hart kochen, abgießen, abkühlen lassen, pellen und in Scheiben schneiden. Den Thunfisch abtropfen lassen und in eine Rührschüssel geben. Mayonnaise und Quark dazugeben. Knoblauch schälen, in Stücke schneiden und ebenfalls dazugeben. Alles mit dem Stabmixer fein pürieren.

2 Die Thunfischcreme mit Salz, Pfeffer, 1–2 Spritzern Zitronensaft und den Kräutern würzen. Auf eine Platte geben und glatt streichen. Die Oliven abtropfen lassen und in Scheibchen schneiden. Die Zwiebel schälen und fein würfeln. Die Thunfischcreme mit den Eiern, Oliven und Zwiebeln garnieren und bis zum Servieren kalt stellen.

VARIANTE

Anstelle mit Eiern, Oliven und Zwiebeln können Sie die Thunfischcreme auch nur mit 1–2 EL abgetropften, kleinen Kapern zubereiten.

VARIANTE – THUNFISCH-SANDWICH

Pro Person 3 Scheiben Sandwich-Toast goldgelb toasten. Die erste Scheibe dünn mit Mayonnaise bestreichen, mit Eisbergsalat belegen. Darauf eine Portion Thunfischcreme, Oliven, Ei und Zwiebeln geben und die zweite Toastscheibe darauflegen. Diese mit Thunfischcreme bestreichen, mit dünnen Tomatenscheiben belegen. Die obere Toastscheibe mit Mayonnaise bestreichen und mit der bestrichenen Seite nach unten auflegen, vorsichtig leicht andrücken. Zwei gegenüber liegende Sandwichecken mit je 1 Zahnstocher fixieren und das Sandwich mit einem scharfen Messer diagonal durchschneiden.

schnell

Räucherlachs-Tatar

100 g Räucherlachs in Scheiben | 50 g Frischkäse | ½ EL Tafelmeerrettich | 2 EL Sahne | ½ Apfel | 1 TL Zitronensaft | Salz | Pfeffer | 4 Stängel Dill

Für 4 Personen | 20 Min. Zubereitung
Pro Portion ca. 85 kcal, 7 g EW, 5 g F, 2 g KH

1 Den Lachs fein hacken. Mit Frischkäse, Meerrettich und Sahne mischen. Den Apfel schälen und dazuraspeln. Mit Zitronensaft, Salz und Pfeffer würzen.

2 Die Dillstängel abbrausen, trocken tupfen, die Dillspitzen hacken und untermischen. Das Tatar in einer Dose anrichten, mit restlichem Dill garnieren.

UND DAZU?

knuspriges Baguette, Vollkornbrot oder Finnbrot

VARIANTE

Statt Frischkäse und Tafelmeerrettich 70 g Meerrettich-Frischkäsezubereitung verwenden.

herzhaft | würzig

Sardinenpaste mit Kapern

2 Dosen Ölsardinen ohne Haut und Gräten (je 110 g Inhalt) | 2 EL Kapern | 6 EL Magerquark | 3 EL gehackte Petersilie | 1–2 EL Zitronensaft | Salz | Pfeffer | 1 Prise Cayennepfeffer | 10–12 Rucolablätter | 2 kleine Gärtnergurken

Für 4 Personen | 20 Min. Zubereitung
Pro Portion ca. 170 kcal, 20 g EW, 8 g F, 4 g KH

1 Die Sardinen aus den Dosen nehmen und in einem Sieb abtropfen lassen. In einer Schüssel mit der Gabel zerdrücken. Kapern hacken, mit Quark, Petersilie und Zitronensaft zu den Sardinen geben und alles mischen. Mit Salz und Cayennepfeffer würzen. Die Paste in einer Dose kühl aufbewahren.

2 Kurz vor der Brotzeit den Rucola waschen und trocken schütteln. Die Gurken schälen und längs in Streifen schneiden. In eine Extradose füllen und mit Vollkornsemmeln, Ciabatta und/oder Crackern zu der Sardinenpaste servieren.

ideal zum Bier | für den Vorrat

Kräuter-Kochwurst im Glas mit Pistazien

Warum nicht einmal eine deftige Wurst für die Brotzeit selbst herstellen? Das ist ganz einfach nach folgendem Rezept. Auch der Fettanteil hält sich dabei in Grenzen. Ein Teil der Wurst kann auf Vorrat im Glas eingemacht werden.

800 g Schweinebauch am Stück ohne Knochen, möglichst mager
Salz
1 TL Pfefferkörner
3 Lorbeerblätter
4 Pimentkörner
2 Zwiebeln
je 1 TL getrockneter oder 2 TL gehackter frischer Majoran und Thymian
1 Msp. abgeriebene Schale von 1 Bio-Zitrone
Pfeffer
Muskatnuss, frisch gerieben
25 g gehackte Pistazienkerne

Für 4 Gläser à 220 ml Inhalt
(je Glas 2–3 Portionen)
30 Min. Zubereitung | 1 Std. Garen
20 Min. Schmoren | mind. 2 Std. Kühlen
Pro Glas ca. 568 kcal, 37 g EW, 46 g F, 2 g KH

1 Den Schweinebauch kalt abspülen, in einen großen Topf legen, mit Wasser bedecken, 1 EL Salz, Pfefferkörner, Lorbeerblätter und Piment dazugeben. Die Zwiebeln schälen und unzerteilt dazufügen. Alles zugedeckt bei mittlerer Hitze 1 Std. kochen. Im Sud erkalten lassen.

2 Den Schweinebauch mit Schwarte in sehr dünne Scheiben schneiden. Diese in schmale Streifen schneiden und so klein wie möglich würfeln, besser hacken. Das Fleisch in einen Topf geben, unter Rühren bei mittlerer Hitze 15 Min. schmoren, dabei aufpassen, dass es nicht ansetzt.

3 Die mitgegarten Zwiebeln hacken und mit den Kräutern und der Zitronenschale unter das Fleisch rühren. Mit Salz, Pfeffer und 1 guten Prise Muskatnuss abschmecken und noch 5 Min. schmoren. Pistazien in der trockenen Pfanne leicht anrösten und unter das Fleisch mischen. Die Kochwurst dicht in Gläser füllen und erkalten lassen. Im Kühlschrank 2–3 Tage aufbewahren oder einkochen (siehe Tipp).

TIPP – EINKOCHEN

Kochwurst, die nicht innerhalb von 2–3 Tagen verbraucht wird, nach der Zubereitung im Backofen einkochen. Dazu die Glasränder säubern, die sterilisierten Deckel fest aufsetzen. Die Fettpfanne des Backofens mit Küchenpapier auslegen, die Gläser daraufstellen, die Pfanne bis zum Rand mit warmem Wasser füllen. Den Backofen auf 160° einschalten und die Wurst in 1 Std. 30 Min. einkochen. Im Ofen abkühlen lassen.

italienisch inspiriert | vegan

Tomaten-Basilikum-Paste

2 Knoblauchzehen | 2 Dosen Pizzatomaten (je 400 g Inhalt) | 2 EL Aceto balsamico | 3 EL feiner Bulgur | 2 EL Olivenöl | Salz | Pfeffer | Cayennepfeffer | ½ TL Oregano | 1 Bund Basilikum

Für 4 Personen | 40 Min. Zubereitung
Pro Portion ca. 120 kcal, 4 g EW, 6 g F, 13 g KH

1 Den Knoblauch schälen, grob schneiden und mit den Tomaten und dem Essig in einen Topf geben. Offen bei mittlerer Hitze in etwa 15 Min. einkochen. Tomaten abkühlen lassen und fein pürieren. Bulgur unterrühren und 20 Min. quellen lassen.

2 Das Olivenöl in die Tomatenpaste rühren und alles mit Salz, Pfeffer, 1 Prise Cayennepfeffer und Oregano herzhaft würzen. Das Basilikum, falls nötig, trocken säubern, alle Blätter bis auf 12 Stück grob hacken. Unter die Tomatenpaste rühren und auf einer Platte anrichten. Mit den übrigen Basilikumblättern garnieren und servieren.

fruchtig-mild | schnell

Artischockenpaste mit Ricotta

1 Dose in Lake eingelegte Artischocken (240 g Abtropfgewicht) | 2 Knoblauchzehen | 150 g Ricotta | 1 TL fein abgeriebene Schale von 1 Bio-Zitrone | 1–2 EL Zitronensaft | Salz | Pfeffer | 2 EL gehackte glatte Petersilie | 1 EL kleine Kapern

Für 4 Personen | 20 Min. Zubereitung
Pro Portion ca. 80 kcal, 5 g EW, 6 g F, 2 g KH

1 Die Artischocken in einem Sieb abtropfen lassen, die Flüssigkeit so gut wie möglich ausdrücken. Knoblauch schälen, grob hacken. Knoblauch, Ricotta und Artischocken in eine Rührschüssel geben und mit dem Stabmixer fein zerkleinern.

2 Zitronenschale, 1 EL Saft, ¼ TL Salz und Pfeffer zur Artischockencreme geben, mit Petersilie und Kapern unter die Creme rühren. Die Paste mit Salz, Pfeffer und Zitronensaft abschmecken.

fein-würzig

Senf-Eiercreme mit Schinken

3 Eier | 50 g gekochter Schinken | 1 ½ EL Salatmayonnaise | 2 EL saure Sahne | 1 TL mittelscharfer Senf | 1 TL Zitronensaft | Salz | Pfeffer | 10 Basilikumblätter | 30 g Feldsalat oder Rucola

Für 4 Personen | 30 Min. Zubereitung
Pro Portion ca. 105 kcal, 8 g EW, 7 g F, 1 g KH

1 Die Eier in 10 Min. hart kochen, in kaltem Wasser abkühlen lassen, pellen, hacken und in eine Schüssel geben. Schinken klein würfeln und dazugeben.

2 Mayonnaise mit saurer Sahne, Senf und Zitronensaft verrühren und unter Eier und Schinken mischen. Salzen und pfeffern. Basilikum zerzupfen und unterheben. In einer Dose kühl stellen. Feldsalat oder Rucola putzen, waschen und die Eiercreme damit garnieren.

vegetarisch

Kräuterige Pilzcreme

500 g Champignons | 1 TL Zitronensaft | 2 Schalotten | 1 Knoblauchzehe | 2 EL Olivenöl | 2 EL halbtrockener Sherry oder 1–2 TL Sojasauce | Salz | Pfeffer | je ½ TL gehackter getrockneter Thymian und Majoran | 1 EL Crème fraîche | Petersilie zum Garnieren

Für 4 Personen | 30 Min. Zubereitung
Pro Portion ca. 90 kcal, 13 g EW, 7 g F, 2 g KH

1 Die Pilze putzen, grob hacken und mit Zitronensaft beträufeln. Schalotten und Knoblauch schälen und fein würfeln. Das Öl in einer Pfanne erhitzen. Schalotten und Knoblauch darin bei mittlerer Hitze glasig dünsten. Pilze unterrühren und andünsten.

2 Sherry oder Sojasauce unterrühren und schmoren, bis die Flüssigkeit verdampft ist. Mit Salz, Pfeffer und Kräutern würzen und abkühlen lassen. Alles im Blitzhacker nicht zu fein hacken, Crème fraîche unterrühren, die Creme in ein Schüsselchen füllen.

fein | aromatisch

Auberginensalsa mit Tomaten und Minze

600 g kleinere Auberginen | 1 Zitrone | 2 Eiertomaten | 1–2 Knoblauchzehen | 3 EL stichfester Joghurt | Salz | Pfeffer | 2 EL Olivenöl | 10 Blättchen Minze | 4 Stängel Petersilie | 20 g Walnusskerne

Für 4 Personen
30 Min. Zubereitung | 35–40 Min. Backen
Pro Portion ca. 115 kcal, 3 g EW, 9 g F, 6 g KH

1 Den Backofen auf 250° (Umluft 230°) vorheizen. Die Auberginen kalt abspülen und auf ein Stück Backpapier legen, auf dem Blech im Ofen (Mitte) 35–40 Min. backen. Mit einem nassen Küchentuch bedecken und 10 Min. ruhen lassen, dann die Auberginen schälen. Die Stielansätze abschneiden, das Fruchtfleisch fein hacken und in eine Schüssel geben. Die Zitrone auspressen, den Saft unterrühren.

2 Die Tomaten am runden Ende kreuzweise einschneiden, kurz in heißes Wasser legen, häuten und die Stielansätze herausschneiden. Das Fruchtfleisch fein hacken und zu den Auberginen geben. Den Knoblauch schälen, dazupressen. Joghurt, ½ TL Salz, 1 gute Prise Pfeffer und das Öl unterrühren. Kräuter waschen, fein hacken und untermischen. Die Salsa bis zur Verwendung kühl stellen. Vor dem Servieren die Nüsse hacken und über die Auberginensalsa streuen.

UND DAZU?

Fladenbrot oder Ciabatta mit Oliven. Eine leckere Ergänzung ist in Scheiben geschnittener Feta.

VARIANTE

Eine interessante Note erhält die Auberginensalsa, wenn man 1 EL Tahin (Sesampaste) mit unterrührt. Man erhält es im Naturkostladen oder in einem türkischen Lebensmittelgeschäft. Vor Gebrauch die Paste im Glas gründlich durchrühren und so das oben abgesetzte Sesamöl untermischen.

Klassiker | einfach gut

Guacamole mit Tomaten

2 reife Avocados | 2 Knoblauchzehen | 2 EL Zitronensaft | 2 EL Crème fraîche | Salz | Pfeffer | ¼ TL gemahlener Kreuzkümmel | 4 Tomaten | 1 Schalotte | 1 TL Olivenöl | 2 TL Aceto balsamico | 1 EL fein gehackte Petersilie

Für 4 Personen | 30 Min. Zubereitung
Pro Portion ca. 310 kcal, 3 g EW, 31 g F, 4 g KH

1 Avocados schälen, entsteinen und in einer Schüssel mit der Gabel fein zerkleinern. 1 Knoblauchzehe schälen und dazudrücken. Zitronensaft, Crème fraîche, Salz, Pfeffer und Kreuzkümmel untermischen. Alles abschmecken und kalt stellen.

2 Die Tomaten waschen, halbieren, ohne Stielansätze klein würfeln, in eine Schüssel geben. Schalotte und 1 Knoblauchzehe schälen. Schalotte fein würfeln, Knoblauch durchpressen, zu den Tomaten geben. Mit Öl, Essig, Salz, Pfeffer und Petersilie würzen, zur Guacamole servieren.

echt griechisch | vegan

Pikante Kartoffelcreme

800 g festkochende Kartoffeln | 2–4 Knoblauchzehen | 5 EL Olivenöl | etwa 80 ml Zitronensaft | Salz | Pfeffer | 12 schwarze Oliven | 2–3 Stängel Petersilie zum Garnieren

Für 4 Personen | 45 Min. Zubereitung
Pro Portion ca. 250 kcal, 4 g EW, 15 g F, 25 g KH

1 Die Kartoffeln in einem Topf knapp mit Wasser bedecken und mit der Schale in etwa 25 Min. weich kochen. Möglichst heiß pellen. Die Kartoffeln durch die Kartoffelpresse oder durch ein Sieb drücken, ausdampfen und abkühlen lassen.

2 Kartoffeln in eine Schüssel geben. Den Knoblauch schälen und dazudrücken. Olivenöl, Zitronensaft, 120–150 ml Wasser, 1 ½ TL Salz und Pfeffer dazugeben und alles zu einer geschmeidigen Paste verrühren. Falls nötig, noch etwas Wasser unterrühren. Die Paste auf einem flachen Teller anrichten und mit Oliven und Petersilie garnieren.

sahnig-würzig

Fetacreme mit Oliven

250 g Feta-Käse | 100 g fester Schafmilchjoghurt | ½ rote Zwiebel | 4 getrocknete Tomaten in Olivenöl | je 3–4 Stängel Minze und glatte Petersilie | Salz | Pfeffer | 8 schwarze Oliven ohne Stein

Für 4 Personen | 20 Min. Zubereitung
Pro Portion ca. 235 kcal, 12 g EW, 19 g F, 1 g KH

1 Den Käse in einer Schüssel mit der Gabel sehr fein zerdrücken. Den Joghurt unterrühren. Die Zwiebel schälen und klein würfeln, die Tomaten abtropfen lassen und hacken.

2 Minze- und Petersilienblättchen waschen, trocknen und fein hacken. Alles unter die Creme rühren, mit Salz und Pfeffer würzen und mit ganzen oder halbierten Oliven garnieren.

UND DAZU?
Fladenbrot. Die Creme auf Salatblättern anrichten.

leicht | delikat

Möhren-Joghurt-Creme

300 g Möhren | 3 EL Olivenöl | Salz | Pfeffer | ½ TL gemahlener Koriander | 1 gute Msp. fein abgeriebene Schale von 1 Bio-Zitrone | 250 g fester Schafmilchjoghurt | 1 EL gehackte Petersilie

Für 4 Personen | 20 Min. Zubereitung
Pro Portion ca. 145 kcal, 4 g EW, 11 g F, 3 g KH

1 Die Möhren schälen und mittelfein raspeln. In einer großen Pfanne das Öl erhitzen, die Möhren darin bei mittlerer Hitze 6–7 Min. unter ständigem Wenden dünsten. Dabei zwischendurch 2–3 EL Wasser darüberträufeln.

2 Die Möhren in einer Schüssel erkalten lassen. 1 TL Salz, 1 gute Prise Pfeffer, Koriander und Zitronenschale unterrühren, den Joghurt untermischen. Die Creme abschmecken und in ein Deckelglas füllen, kalt stellen. Zur Brotzeit mit Petersilie bestreuen. Dazu passt knuspriges Baguette oder Nussbrot.

frühlingsfrisch

Bunter Kräuterquark

500 g Schichtkäse (20 % Fett) | 125 ml Milch | 1 Bund Schnittlauch | je 3 Stängel glatte Petersilie und Dill | 6–8 Radieschen | je ½ rote und gelbe Paprikaschote | Salz | Pfeffer | 2 hart gekochte Eier

Für 4 Personen | 20 Min. Zubereitung
Pro Portion ca. 185 kcal, 18 g EW, 9 g F, 8 g KH

1 Den Schichtkäse mitsamt seiner Molke und der Milch in einer Schüssel glatt rühren. Die Kräuter waschen. Schnittlauch in kleine Röllchen schneiden, die Petersilien- und Dillblättchen hacken und zum Schichtkäse geben.

2 Die Radieschen putzen, waschen und in Stückchen schneiden. Paprikaschoten waschen, putzen und sehr klein würfeln. Das Gemüse unter den Quark rühren. Mit Salz und Pfeffer würzen, in eine breite Dose füllen und bis zum Verzehr kühlen. Zum Servieren die Eier hacken und darüberstreuen.

pikant | blitzschnell

Paprika-Chili-Creme

1 rote Paprikaschote | 2 Knoblauchzehen | 2 Scheiben Ciabatta, etwa 60 g | 1 TL Chiliflocken | 100 g Doppelrahmfrischkäse | 100 g Magerquark | 1 EL Weißweinessig | Salz | je 1 TL geräuchertes und edelsüßes Paprikapulver | schwarze Oliven und Chiliflocken

Für 4 Personen | 20 Min. Zubereitung
Pro Portion ca. 160 kcal, 8 g EW, 9 g F, 11 g KH

1 Die Paprikaschote halbieren, putzen, waschen und in kleine Stücke schneiden. Den Knoblauch schälen und in Stücke schneiden. Das Brot entrinden und in Stücke zupfen. Paprika, Knoblauch, Brot und Chiliflocken in eine Rührschüssel geben und mit dem Stabmixer fein pürieren.

2 Frischkäse, Quark, Essig, 1 TL Salz und die beiden Paprikapulversorten dazugeben und alles mit dem Stabmixer zu einer Creme verarbeiten. Mit Oliven und Chiliflocken garnieren.

Nicht ohne Salat

Was wäre eine Brotzeit, was ein Picknick ohne Salat? Wir lieben sie alle, den klassischen Nudelsalat und den süß-pikanten Geflügelsalat, den knackigen Kohlsalat mit Speck und den saftigen Endiviensalat mit Kartoffeldressing. Unser Favorit in dieser Kategorie ist aber der Rindfleischsalat. Er kann gut einige Tage im Kühlschrank durchziehen.

Rindfleischsalat

100 ml kalte Fleischbrühe (Rezept Seite 16)
500 g gekochtes mageres Rindfleisch (Rezept Seite 16)
1 große weiße Zwiebel
200 g eingelegte Gewürzgurken
150 ml Gurken-Einlegesud
2–4 EL Weißweinessig
1 EL Öl
Salz | Peffer
¼ TL gemahlener Piment
je 5 Stängel glatte Petersilie und Dill

Für 4 Personen | 25 Min. Zubereitung
mind. 2 Std. Durchziehen
Pro Portion ca. 300 kcal, 26 g EW, 19 g F, 4 g KH

1 Von der kalten Brühe das Fett abnehmen. Das gekochte Rindfleisch in etwa 1,5 cm große Würfel schneiden. Die Zwiebel schälen und in kleine Würfel schneiden. Die Gurken längs vierteln und in 2 cm große Stücke schneiden. Alle Zutaten in eine Schüssel geben und mischen.

2 Den Gurken-Einlegesud, die kalte Fleischbrühe, 2 EL Essig und das Öl in einen Rührbecher geben. Mit Salz, Pfeffer und Piment würzen und mit dem Schneebesen verschlagen.

3 Die Marinade über die Fleischmischung geben, die Schüssel mit Frischhaltefolie abdecken und den Salat im Kühlschrank 2 Std. durchziehen lassen. Dann mit Salz, Pfeffer, Piment und Essig abschmecken. Die Kräuter waschen, trocken schütteln und fein hacken. Die Kräuter über den Salat streuen.

GUT ZU WISSEN
Den Salat unbedingt vor dem Servieren noch einmal mit den Gewürzen abschmecken.

herzhaft | schön saftig

Würstelsalat mit Paprika und Mais

Wurstsalat, bunt oder bayerisch, kommt immer gut an und schmeckt mit Brot besonders zu Bier. Dazu passt noch: Rettich, mit Radieschen zu einem saftigen Salat vereint, wie auf Seite 41 beschrieben.

140 g Maiskörner (aus der Dose) | 1 Bund Frühlingszwiebeln | 1 rote Paprikaschote | 100 g Cornichons | 150 g Wiener Würstchen | Salz | Pfeffer | 3–4 EL Sherry-Essig | 3 EL Sonnenblumen- oder Olivenöl | je 5–6 Kirschtomaten und Rucola-Blätter

Für 4 Personen
30 Min. Zubereitung | 20 Min. Ziehen
Pro Portion ca. 245 kcal, 7 g EW, 19 g F, 11 g KH

1 Die Maiskörner in einem Sieb abtropfen lassen. Die Zwiebeln waschen, putzen und in dünne Ringe schneiden. Die Paprikaschote halbieren, Stiel und weiße Innenteile entfernen, die Schote würfeln. Cornichons längs halbieren und in dünne Scheiben schneiden, ebenso die Würstchen.

2 Alles in einer Schüssel vermengen. Aus Salz, Pfeffer, Essig und Öl eine Marinade rühren und unter den Salat mischen, abschmecken. 15–20 Min. ziehen lassen und eventuell nachwürzen.

3 Tomaten und Rucola waschen. Die Tomaten halbieren und auf dem Salat verteilen. Rucola in einer Tüte frisch halten und erst vor dem Servieren grob zerpflücken und über den Salat streuen.

UND DAZU?

Ciabatta oder Mischbrot

VARIANTE

Wer den Salat noch herzhafter mag, bereitet ihn mit leicht scharfen Debrecziner Würstchen zu.

echt bayerisch | blitzschnell

Wurstsalat

600 g Fleischwurst am Ring oder Lyoner | 300 g Gewürzgurken | 2 rote Zwiebeln | 4 EL milder Weißweinessig | 100 ml Gewürzgurkensud | 4 EL Kalbsfond (aus dem Glas; oder gute Fleischbrühe) | ½ TL mittelscharfer Senf | 1 EL Sonnenblumenöl | Salz | Pfeffer | 1 Bund Schnittlauch

Für 4 Personen | 20 Min. Zubereitung
Pro Portion ca. 525 kcal, 19 g EW, 48 g F, 5 g KH

1 Die Wurst pellen. Wurst und Gurken in dünne Scheiben schneiden. Zwiebeln schälen und in feine Ringe schneiden. Zuerst die Wurst, dann Gurken und Zwiebeln auf vier tiefen Tellern anrichten.

2 Für die Marinade Essig, Gurkensud, Fond, Senf, Öl, Salz und Pfeffer mit dem Schneebesen gut verschlagen und über die Salatzutaten gießen. Schnittlauch abbrausen, trocken schütteln, in Röllchen schneiden und überstreuen.

knackig | ganz einfach

Rettich-Radieschen-Salat

1 weißer Rettich | Salz | 100 g saure Sahne | 50 ml Milch | 3 EL Weißweinessig | Salz | Pfeffer | 2 Bund Radieschen | 1 EL Öl | ½ Bund Schnittlauch

Für 4 Personen | 30 Min. Zubereitung
Pro Portion ca. 75 kcal, 2 g EW, 6 g F, 3 g KH

1 Rettich schälen und auf dem Gurkenhobel in dünne Scheiben hobeln. In einer Schüssel mit 1 TL Salz mischen und 10 Min. Wasser ziehen lassen. Die saure Sahne mit Milch, 2 EL Essig, wenig Salz und Pfeffer verrühren. Rettich in einem Sieb abtropfen lassen, mit dem Dressing in der Schüssel mischen. Salat abschmecken und auf einer Platte anrichten.

2 Schnittlauch waschen, trocken schütteln und fein schneiden. Radieschen waschen, putzen und in dünne Scheiben schneiden. Mit 1 EL Essig, 1 EL Öl, Salz und Pfeffer anmachen und auf den Rettichsalat setzen. Schnittlauch obenauf streuen.

italienisch inspiriert | vegetarisch

Grüner Pasta-Salat

300 g grüne Bandnudeln
Salz | 250 g Cocktailtomaten
2 kleine Gärtnergurken
1 Bund Rucola
200 g Mini-Mozzarellakugeln
1 Bund Basilikum | 1 Knoblauchzehe
1 EL Pinienkerne
40 g geriebener Parmesan
4 EL Olivenöl | 2 EL Weißweinessig
3 EL Zitronensaft
2 EL Brühe oder Fond
Pfeffer | schwarze Oliven

Für 4 Personen | 45 Min. Zubereitung
Pro Portion ca. 585 kcal, 25 g EW, 26 g F, 62 g KH

1 Nudeln in reichlich Salzwasser bissfest garen, abgießen, abtropfen und abkühlen lassen. Tomaten, Gurken und Rucola waschen. Tomaten halbieren, Gurken längs halbieren und in Scheiben schneiden, Rucola putzen und, falls nötig, in kleinere Stücke schneiden.

2 Tomaten, Gurken, Rucola und Bandnudeln in einer Schüssel mischen. Die Mozzarellakugeln abtropfen lassen und vorsichtig unter den Salat heben.

3 Basilikum säubern, die Blättchen grob hacken. Knoblauch schälen und grob hacken. Beides mit Pinienkernen und Parmesan im Blitzhacker fein zerkleinern. In eine kleine Schüssel füllen, Öl, Essig, Zitronensaft, Brühe oder Fond, Salz und Pfeffer unterrühren und das Pesto zum Salat geben. Gut mischen, abschmecken und mit den Oliven garnieren.

26.12.2019

einfach gut | Kinderhit

Klassischer Nudelsalat

300 g Farfalle | Salz
300 g TK-Erbsen | 6 Gewürzgurken
300 g Fleischwurst oder Lyoner am Stück
100 g Salatmayonnaise | 150 g Joghurt
6 EL Gewürzgurkenflüssigkeit
2 EL Weißweinessig
1 TL Tafelmeerrettich (aus dem Glas)
Pfeffer | ½ Bund krause Petersilie
2 Tomaten

Für 4 Personen
30 Min. Zubereitung | 1 Std. Ziehen
Pro Portion ca. 745 kcal, 26 g EW, 38 g F, 74 g KH

1 Die Nudeln in reichlich leicht gesalzenem Wasser nach Packungsangabe bissfest garen, abgießen, kalt abschrecken und abkühlen lassen. Die Erbsen in 150 ml leicht gesalzenem Wasser 5 Minuten garen, abgießen und abtropfen lassen.

2 Gurken klein würfeln. Wurst pellen und in 1½ cm große Würfel schneiden. Mit Nudeln, Erbsen und Gurken in einer großen Schüssel gut mischen.

3 Mayonnaise, Joghurt, 4 EL Gurkenflüssigkeit, Essig und Meerrettich verrühren. Mit Salz und Pfeffer herzhaft würzen, mit den Salatzutaten mischen. Salat zugedeckt im Kühlschrank 1 Std. ziehen lassen.

4 Petersilie abbrausen, trocken schütteln, die Blättchen fein hacken. Tomaten waschen, halbieren, ohne Stielansätze achteln. Den Salat mit Salz, Pfeffer und Essig abschmecken und die Petersilie untermengen. Mit den Tomaten garnieren.

oben: grüner Pasta-Salat | unten: Klassischer Nudelsalat

klassisch bayerisch | herzhaft

Kartoffel-Gurken-Salat

800 g festkochende Kartoffeln
1 weiße Zwiebel | 2 kleine Gärtnergurken
3–4 EL Weißweinessig | 4 EL Öl
½ TL mittelscharfer Senf
50–100 ml Kalbsfond oder gute Fleischbrühe
Salz | Pfeffer | 1 Bund Schnittlauch

Für 4 Personen | 25 Min. Zubereitung
30 Min. Garen | 1 Std. Kühlen
Pro Portion ca. 235 kcal, 5 g EW, 11 g F, 29 g KH

1 Kartoffeln waschen, in einem Topf knapp mit Wasser bedecken und in 25–30 Min. garen. Dann abgießen, kalt abschrecken und erkalten lassen. Die Kartoffeln pellen und in Scheiben schneiden.

2 Die Zwiebel schälen und klein würfeln. Die Gurken nach Wunsch schälen oder waschen und in dünne Scheiben hobeln. Kartoffeln, Zwiebel und Gurken in eine große Schüssel geben. Essig, Öl, Senf, 50 ml Fond oder Brühe, Salz und Pfeffer in eine kleine Schüssel geben und mit dem Schneebesen aufschlagen, bis sich das Salz aufgelöst hat. Die Vinaigrette unter den Salat heben und alles zugedeckt 30 Min. kühlen und durchziehen lassen.

3 Den Schnittlauch abbrausen, trocken schütteln und in Röllchen schneiden. Den Salat mit Salz, Pfeffer und Essig abschmecken. Falls der Salat zu trocken ist, noch weiteren Fond oder Brühe untermischen. Zum Schluss den Schnittlauch untermischen.

GUT ZU WISSEN

Wer den Kartoffelsalat auf Vorrat zubereiten möchte, sollte die Gurken erst kurz vor dem Servieren untermischen.

herzhaft | einfach

Kartoffelsalat mit Räucherforelle

600 g festkochende Kartoffeln
125 g Cornichons (kleine Gewürzgurken)
1 rote Zwiebel
125 g geräucherte Forellenfilets
½ Bund Dill
1 EL Kapern
4–5 EL Weißweinessig
Salz | Pfeffer
2 EL Öl
1 TL Kräutersenf
8 Rucolablätter
1 Bund Radieschen

Für 4 Personen
50 Min. Zubereitung | 30 Min. Kühlen
Pro Portion ca. 190 kcal, 10 g EW, 6 g F, 23 g KH

1 Die Kartoffeln kochen, abschrecken und richtig kalt werden lassen. Dann pellen und in dünne Scheiben schneiden. Die Cornichons würfeln. Die Zwiebel schälen und klein würfeln, die Forellenfilets längs halbieren und in Quadrate schneiden. Alles in eine Schüssel geben. Den Dill waschen, die zarten Dillspitzen hacken und mit den Kapern dazugeben.

2 Aus Essig, 1 TL Salz, Pfeffer, Öl und Senf eine Marinade rühren und unter den Salat mischen. Den Salat in einer Schüssel mit Deckel bis zur Verwendung kühl stellen. Die Rucolablätter waschen, in einem Gefrierbeutel aufheben und vor dem Servieren den Salat damit garnieren. Die Radieschen waschen und bis zur Brotzeit ebenfalls in einen Beutel geben, dann bleiben sie frisch und knackig.

oben: Kartoffel-Gurken-Salat | Kartoffelsalat mit Räucherforelle

schnell | vegetarisch

Bunter Bohnensalat

400 g tiefgekühlte grüne Bohnen | Salz | 200 g große weiße Bohnen (Gigantes, Dose) | 200 g Kidneybohnen (Dose) | 100 g Maiskörner (Dose) | 200 g Cocktailtomaten | 1 rote Zwiebel | 4 Stängel Bohnenkraut | 1 Knoblauchzehe | 4 EL Rotweinessig | 2 EL Olivenöl | Pfeffer | 1 TL getrocknete Kräuter der Provence

Für 4 Personen | 30 Min. Zubereitung
Pro Portion ca. 205 kcal, 10 g EW, 6 g F, 26 g KH

1 Die grünen Bohnen in einen Topf geben, knapp mit Wasser bedecken, ½ TL Salz dazugeben und zugedeckt bei mittlerer Hitze in 10–14 Min. bissfest garen. Abgießen, abtropfen und abkühlen lassen.

2 Weiße Bohnen und Kidneybohnen in ein Sieb geben, abbrausen, bis sie nicht mehr schäumen und gut abtropfen lassen. Maiskörner abtropfen lassen. Cocktailtomaten waschen und halbieren. Zwiebel schälen und klein würfeln. Bohnenkraut abbrausen, trocken schütteln und grob hacken.

3 Knoblauch schälen und in eine Schüssel pressen. Rotweinessig, Olivenöl, Salz, Pfeffer, Bohnenkraut und Provence-Kräuter dazugeben und alles gut verrühren. Die Salatzutaten in die Schüssel geben und vorsichtig untermengen. Den Salat mit Salz, Pfeffer und Essig abschmecken.

UND DAZU?

80 g Crème fraîche mit 1 TL Tomatenmark, 1 TL Aceto balsamico, Salz, Pfeffer und 1–2 Msp. Cayennepfeffer cremig rühren. Den Salat auf vier Schüsselchen verteilen und in die Mitte jeder Portion einen Klecks davon geben.

GUT ZU WISSEN

Wer mehr Zeit hat, kann den Salat gut 1–2 Std. im Kühlschrank durchziehen lassen. Dann erst kurz vor dem Servieren abschmecken.

orientalisch

Kichererbsensalat

1 große Dose Kichererbsen (480 g Abtropfgewicht) | 1 rote Zwiebel | 1 grüne Paprikaschote | 100 g Cocktailtomaten | 4 EL Zitronensaft | 1 TL Salz | Pfeffer | ¼ TL Chiliflocken | 1 TL gehackter Oregano | 2 EL Olivenöl | 100 g Feta | 50 g grüne oder schwarze Oliven

Für 4 Personen
25–30 Min. Zubereitung | 30 Min. Ziehen
Pro Portion ca. 225 kcal, 10 g EW, 13 g F, 15 g KH

1 Kichererbsen abtropfen lassen. Zwiebel schälen, vierteln und in Streifchen schneiden. Paprika putzen, waschen und würfeln. Tomaten waschen und halbieren. Alles in einer Schüssel mischen.

2 Zitronensaft, Salz, Pfeffer, Chiliflocken, Oregano und Öl verrühren und unter den Salat mischen. 30 Min. ziehen lassen, dann abschmecken. Den Feta grob würfeln und mit Oliven auf dem Salat verteilen. Bis zum Verzehr in den Kühlschrank stellen.

saftig | kalorienarm

Möhren-Fenchel-Salat

400 g Möhren | 1 Fenchelknolle mit viel Grün (ca. 200 g) | 4 EL Zitronensaft | Salz | Pfeffer | ½ TL gemahlener Koriander | 2 EL Sonnenblumen- oder Rapsöl | 4 Eier | 8 Walnusskerne

Für 4 Personen | 30 Min. Zubereitung
Pro Portion ca. 190 kcal, 9 g EW, 14 g F, 6 g KH

1 Möhren schälen. Fenchel waschen, harte Stängel abschneiden (das Grün aufheben), außen die Fäden abziehen. Beides in eine Schüssel raspeln. Aus Zitronensaft, Salz, Pfeffer, Koriander und Öl eine Marinade rühren und unter den Salat mischen. 15 Min. ruhen lassen, dann abschmecken.

2 Inzwischen die Eier hart kochen, abkühlen lassen. Fenchelgrün hacken und unter den Salat mischen. Die Nüsse grob hacken, über den Salat streuen. Die Eier vierteln, auf den Salat setzen. Fladenbrot oder Ciabatta dazu servieren.

knackig frisch | bayerisch

Spitzkohlsalat mit Speck

1 kg Spitzkohl (ersatzweise zarter Weißkohl)
Salz
100 g Räucherspeck am Stück
3 EL Öl | 4 EL Weißweinessig
Pfeffer | 1 EL Kümmelsamen
1 TL Zucker | 1/4 Bund Schnittlauch

Für 4 Personen
35 Min. Zubereitung | 45 Min. Ziehen
Pro Portion ca. 200 kcal, 12 g EW, 14 g F, 6 g KH

1 Den Kohl putzen, waschen und abtropfen lassen. Auf dem Gemüsehobel in sehr dünnen Streifen in eine Schüssel hobeln. Mit 2 TL Salz bestreuen und mit den Händen 4–5 Min. lang kräftig durchkneten. Den Kohl dann in ein Sieb geben, abbrausen und gut abtropfen lassen.

2 Den Speck ohne Schwarte klein würfeln. In einer Pfanne 1 EL Öl erhitzen, die Speckwürfel darin auslassen und rundum kross anbraten. Speck und Kohl in eine Schüssel geben und mischen.

3 Restliches Öl, 3 EL Essig, wenig Salz, Pfeffer, Kümmel und Zucker verrühren, bis sich das Salz aufgelöst hat. Den Salat mit der Vinaigrette mischen und zugedeckt 45 Min. ziehen lassen. Schnittlauch abbrausen, trocken schütteln und in Röllchen schneiden. Salat mit Salz, Pfeffer, Zucker und Essig abschmecken, Schnittlauch überstreuen.

GUT ZU WISSEN

Krautsalat, wie er in Bayern genannt wird, hält sich im Kühlschrank etwa 1 Woche und wird mit der Zeit immer besser. Vor dem Servieren noch einmal abschmecken.

raffiniert | preiswert

Endiviensalat mit Kartoffeldressing

1 mehligkochende Kartoffel (100 g)
1 mittelgroßer Endiviensalat
100 g magerer Räucherspeck am Stück
2 Schalotten | 2 EL Kräuteressig
4 EL Fleischbrühe oder Fond
3 EL Öl |1 TL Kräuter- oder Dijonsenf
Salz | Pfeffer

Für 4 Personen | 40 Min. Zubereitung
Pro Portion ca. 175 kcal, 9 g EW, 14 g F, 4 g KH

1 Die Kartoffel mit Wasser bedeckt garen, abgießen und lauwarm abkühlen lassen. Die Endivie waschen, äußere harte Blätter entfernen. Endivie trocken schütteln, in 1 cm breite Streifen schneiden und diese in eine Schüssel geben. Speck ohne Schwarte klein würfeln. Die Schalotten schälen und klein würfeln. Die Kartoffel pellen und mit der Gabel fein zerdrücken.

2 Für das Dressing Essig und 4 EL Fleischbrühe oder Fond mit 2 EL Öl, der zerdrückten Kartoffel, Senf, Salz und Pfeffer aufschlagen. Das restliche Öl in einer Pfanne erhitzen. Die Speckwürfel darin auslassen. Schalotten dazugeben und glasig dünsten.

3 Das Dressing unter den Salat mischen. Mit Salz, Pfeffer und Essig abschmecken. Zum Servieren Speck und Schalotten überstreuen.

VARIANTE – FELDSALAT MIT KARTOFFELDRESSING

200 g Feldsalat waschen, putzen und gut abtropfen lassen. Dressing, Speck und Schalotten direkt vor dem Servieren darübergeben. Köstlich schmeckt dieser Salat mit 1 heißen, kross gebratenen Spiegelei pro Portion.

links: Spitzkohlsalat mit Speck | rechts: Endiviensalat mit Kartoffeldressing

lecker zum Wein

Käse-Trauben-Salat

50 g Weißbrot in dünnen Scheiben
3 EL Olivenöl | 1 rote Zwiebel
2–3 EL Aceto balsamico bianco
Salz | Pfeffer
1 TL gehackter frischer Thymian
150 g kernlose, blaue Weintrauben
200 g Chaumes (französischer Weichkäse)
4–5 Stängel Petersilie
2 EL Walnusskerne

Für 4 Personen | 25 Min. Zubereitung
Pro Portion ca. 335 kcal, 12 g EW, 25 g F, 15 g KH

1 Das Brot in kleine Würfel schneiden. 1 EL Öl in einer Pfanne gut erhitzen und die Würfel darin rundum knusprig braun braten. Auf einen Teller geben. Die Zwiebel schälen, halbieren und in dünne Streifen schneiden. 2 EL Öl in der Pfanne erhitzen und die Zwiebel darin bei mittlerer Hitze braten, jedoch nicht braun werden lassen. Essig, ½ TL Salz, Pfeffer und Thymian unterrühren, in eine Schüssel geben.

2 Die Trauben waschen und halbieren. Vom Käse die Rotschmiere mit einem glatten Messer abschaben. Käse in ½ cm dicke Scheiben und diese in 2 cm lange Streifen schneiden, mit den Croûtons in die Schüssel geben. Petersilienblätter waschen, fein hacken, ebenso die Nüsse, alles in die Schüssel geben und vorsichtig mischen. Den Salat kurz ziehen lassen und mit Salz und Essig abschmecken.

VARIANTE

Statt Chaumes schmeckt im Salat auch ein anderer milder Rotschmiere-Käse oder ein Blauschimmel-Käse.

lässt sich gut vorbereiten

Ananas-Geflügel-Salat

1 küchenfertiges Brathähnchen (etwa 1 kg)
Salz | 1 Lorbeerblatt
1 Bund Suppengrün
250 g Ananasstücke (Dose)
1 Dose Mandarinen (312 g Inhalt)
4 dünne Stangen Staudensellerie
100 g Salatmayonnaise | 150 g Joghurt
2 EL Himbeer- oder Weißweinessig
1 gute Msp. Ingwerpulver | Cayennepfeffer
1–2 TL mildes Currypulver | schwarzer Pfeffer

Für 4 Personen
40 Min. Zubereitung | 45 Min. Garen
Pro Portion ca. 875 kcal, 82 g EW, 52 g F, 18 g KH

1 Hähnchen abspülen, in einem Topf mit Wasser bedecken, 2 TL Salz und Lorbeerblatt dazugeben. Suppengrün waschen, putzen, grob schneiden und in den Topf geben. Alles aufkochen und zugedeckt bei schwacher bis mittlerer Hitze 45 Min. kochen. Hähnchen herausnehmen, abkühlen lassen und die Brühe anderweitig verwenden.

2 Hähnchenfleisch von den Knochen lösen, Haut und Fett entfernen. Fleisch in 3 cm große Stücke schneiden, in eine große Schüssel geben. Ananas und Mandarinen abtropfen lassen (5 EL Ananassaft abmessen) und dazugeben. Sellerie waschen, putzen, längs halbieren und in feine Streifen schneiden, zu den Salatzutaten geben.

3 Mayonnaise, Joghurt, Ananassaft und Essig cremig aufschlagen. Mit Ingwer, 1 Prise Cayennepfeffer, Curry, Salz und Pfeffer herzhaft würzen. Das Dressing über die Salatzutaten gießen, untermischen.

oben: Käse-Trauben-Salat | unten: Ananas-Geflügel-Salat

Etwas Süßes zum Schluss

Eigentlich sind wir ja schon satt, aber auf ein kleines, feines Dessert wollen wir auch im Biergarten oder beim Picknick nicht verzichten. Feiner Quark mit Schokolade, Himbeergrütze mit Vanillecreme oder Obstsalat lassen sich prima mitnehmen. Noch verführerischer ist der frisch gebackene Kirschkuchen – da gibt es kein Halten mehr!

Mandel-Kirsch-Kuchen

100 g Mandelstifte
150 g weiche Butter | 120 g Zucker
Salz | 4 Eier
1 TL fein abgeriebene Bio-Zitronenschale
8 Tropfen Bittermandelöl
250 g Mehl | 1 gehäufter TL Backpulver
2–4 EL Milch | 80 g kleine harte Amarettini
500 g Sauerkirschen
Butter für die Form | Puderzucker zum Bestreuen

Für 1 Springform von 26 oder 28 cm Ø
30 Min. Zubereitung | 45 Min. Backen
Pro Stück (bei 16) ca. 250 kcal, 5 g EW, 14 g F, 26 g KH

1 Die Form großzügig mit Butter fetten und mit 80 g Mandelstiften ausstreuen. Den Backofen auf 180° vorheizen. Butter, Zucker und 1 Prise Salz in eine Schüssel geben und mit den Quirlen des elektrischen Handrührgeräts cremig schlagen. Eier, Zitronenschale und Bittermandelöl unterrühren.

2 Mehl mit Backpulver mischen, nach und nach unter den Teig rühren. Die Milch löffelweise unterrühren, bis ein schwer reißender Teig entsteht. Zum Schluss die ganzen Amarettini unterziehen.

3 Teig in die Form füllen, glatt streichen. Kirschen waschen, abtropfen lassen, entsteinen und auf den Teig geben, leicht eindrücken. Restliche Mandelstifte überstreuen und den Kuchen im Ofen (Mitte, Umluft 160°) 40–45 Min. backen. Aus der Form lösen, auf einem Gitter abkühlen lassen und mit Puderzucker bestreuen.

ALTERNATIVE

Am besten eignen sich natürlich frische, entsteinte Sauerkirschen. 350 g Schattenmorellen aus dem Glas, gut abgetropft, tun es außerhalb der Saison aber auch.

einfach | gut vorzubereiten

Erdbeer-Trifle

400 ml Milch | 200 g Sahne
50 g Zucker | 1 Pck. Vanillepuddingpulver
1 Eigelb | 2 TL Puderzucker
½ Pck. heller Wiener Boden (200 g, etwa 1 ½ Lagen; Rest einfrieren)
500 g Erdbeeren | 2 EL Erdbeerkonfitüre
100 ml roter Portwein oder schwarzer Johannisbeernektar

Für 4 Personen
35 Min. Zubereitung | 2–3 Std. Kühlen
Pro Portion ca. 620 kcal, 10 g EW, 25 g F, 82 g KH

1 300 ml Milch mit 100 g Sahne und Zucker aufkochen. Puddingpulver in der restlichen Milch glatt rühren und in die kochende Sahnemilch rühren. 2 Min. unter ständigem Rühren köcheln, vom Herd nehmen und das Eigelb unterrühren. Den Pudding mit Puderzucker bestreut abkühlen lassen.

2 Die Wiener Böden in Stücke zupfen. Eine Hälfte auf dem Boden einer großen Schüssel verteilen. Erdbeeren waschen, putzen und in Stücke schneiden; 150 g beiseitestellen. Erdbeerkonfitüre mit 2 EL Portwein oder Johannisbeernektar verrühren.

3 Den Biskuit in der Schüssel mit der Hälfte des übrigen Portweins oder Nektars beträufeln und mit Konfitüre bestreichen. Die Hälfte von Pudding und Erdbeeren darauf verteilen. Übrigen Biskuit darauf verteilen, mit Portwein oder Nektar beträufeln, Pudding und Obst daraufschichten.

4 Das Trifle mit Folie abdecken und für 2–3 Std. kalt stellen. Die übrige Sahne steif schlagen und mit restlichen Erdbeeren zum Garnieren verwenden.

raffiniert | schnell

Schokoquark mit Beeren und Banane

50 g Zartbitter-Kuvertüre
100 g Sahne | 250 g Magerquark
40 g Zucker | 1 Pck. Bourbon-Vanillezucker
150 g Heidelbeeren | 1 Banane
Bananenchips und Schokostreusel zum Garnieren
4 Weckgläser (je 250 ml Inhalt)

Für 4 Personen | 30 Min. Zubereitung
Pro Portion ca. 390 kcal, 12 g EW, 16 g F, 49 g KH

1 Die Kuvertüre hacken. Die Sahne aufkochen, vom Herd nehmen, die Kuvertüre hineingeben und unter Rühren schmelzen, dann abkühlen lassen.

2 Den Quark mit der Schoko-Sahne, dem Zucker und dem Vanillezucker in einer Schüssel verrühren, bis sich der Zucker aufgelöst hat. Heidelbeeren abspülen und abtropfen lassen. Die Banane schälen, längs halbieren und in Scheibchen schneiden.

3 Abwechselnd Schoko-Quark, Beeren und Bananenscheiben in die Weckgläser füllen. Verschließen und kalt stellen. Zum Servieren die Desserts mit Bananenchips und Schokostreuseln garnieren.

VARIANTE

Statt mit Heidelbeeren und Banane schmeckt dieses Dessert auch mit Himbeeren oder Kirschen.

ANRICHTE-TIPP

Wer keine passenden Weckgläser zur Hand hat, kann die Creme auch in Trinkgläsern, Dessertschalen oder in einer großen Schüssel anrichten.

oben: Erdbeer-Trifle | unten: Schokoquark mit Beeren und Banane

erfrischend

Obstsalat mit kandierten Pinienkernen

½ Ananas
300 g nicht zu weiche Aprikosen
2 Nektarinen
300 g kernlose blaue oder weiße Weintrauben
1 Limette
2 TL flüssiger Honig
50 g Pinienkerne
1 TL brauner Zucker
100 g Heidelbeeren

Für 4 Personen
20 Min. Zubereitung | 30 Min. Ziehen
Pro Portion ca. 250 kcal, 4 g EW, 8 g F, 40 g KH

1 Die Ananas schälen, vierteln, den Strunk herausschneiden. Fruchtfleisch erst in 1 cm dicke Scheiben, diese in je 3–4 Stücke schneiden. Aprikosen und Nektarinen waschen, vierteln und entsteinen. Nektarinen grob würfeln. Trauben waschen, dicke halbieren. Alles in einer Schüssel mischen.

2 Limette auspressen, den Saft mit Honig verrühren, unter das Obst mischen. Eine beschichtete Pfanne ohne Fett erhitzen. Die Pinienkerne darin bei mittlerer Hitze unter ständigem Rühren leicht bräunen, den Zucker überstreuen und die Pinienkerne unter Rühren damit karamellisieren. Die Kerne sofort auf einem Teller erkalten lassen. Heidelbeeren waschen, abtropfen lassen und über dem Obstsalat verteilen. Kurz vor dem Anrichten die Pinienkerne überstreuen.

fruchtig | ganz einfach

Himbeergrütze im Weckglas mit Vanillequark

125 ml Rotwein oder roter Fruchtsaft
100 g Zucker (bei Verwendung von gesüßtem Fruchtsaft etwas weniger)
500 g Himbeeren, frisch oder gefroren
30 g Sago | ½ Vanillestange
125 g Magerquark | 30 g Zucker
100 g Sahne | ½ Pck. Sahnefestiger
2 EL Mandelstifte
4 Weckgläser (ca. 400 ml Inhalt)

Für 4 Personen | 20 Min. Zubereitung
20 Min. Garen | 30 Min. Kühlen
Pro Portion ca. 350 kcal, 7 g EW, 11 g F, 49 g KH

1 Rotwein oder Saft mit Zucker aufkochen, die Himbeeren hineingeben und kurz aufkochen. Die Beeren in ein Sieb schütten, den Sud auffangen und zurück in den Topf gießen. Sago unterrühren und bei schwacher Hitze 20–25 Min. kochen, gelegentlich umrühren. Die Himbeeren untermischen und nochmals aufkochen. Auf die Gläser verteilen (zu etwa zwei Dritteln füllen) und kalt stellen.

2 Für die Creme die Vanillestange längs aufschlitzen, das Mark auskratzen. Quark mit Zucker und Vanillemark gut verrühren. Die Sahne mit Sahnefestiger steif schlagen und unter den Quark heben. Den Quark auf die Gläser mit der Grütze verteilen und glatt streichen. Die Mandelstifte in der Pfanne ohne Fett hellbraun rösten, auf einem Teller abkühlen lassen, auf den Quark streuen. Das Dessert bis zum Verzehr verschlossen kühlen.

oben: Obstsalat mit kandierten Pinienkernen | unten: Himbeergrütze im Weckglas mit Vanillequark

lange haltbar

Orangenkuchen im Glas

250 g weiche Butter | 200 g Zucker
4 Eier | abgeriebene Schale von 2 Bio-Orangen
Salz | 200 g Mehl
50 g Speisestärke | ½ Pck. Backpulver
30 g Butter für die Gläser
70 g Mandelblättchen
50 g Zartbitter-Kuvertüre
100 g Puderzucker
2 EL Orangenlikör oder -saft

Für 5 Sturzgläser von 400 ml Inhalt
30 Min. Zubereitung | 40 Min. Backen
Pro Kuchen ca. 345 kcal, 4 g EW, 21 g F, 35 g KH

1 Backofen auf 200° vorheizen. Butter mit Zucker und Eiern sehr schaumig rühren. Orangenschale und 1 Prise Salz unterrühren. Mehl, Speisestärke und Backpulver mischen, übersieben und unterrühren.

2 Alle Gläser sorgfältig mit Butter einpinseln und mit den Mandelblättchen ausstreuen. Die Kuvertüre in fünf Stücke teilen. In jedes Glas 2 gehäufte EL Teig füllen. Je 1 Stück Kuvertüre in die Mitte geben und darauf 1 gehäuften EL Teig (den Teig dabei aufbrauchen). Die Gläser auf den Rost im Ofen (unten, Umluft 180°) setzen und die Kuchen 40 Min. backen.

3 Puderzucker mit Likör oder Saft verrühren. Die Gläser aus dem Ofen nehmen. Sofort Zuckerguss auf die Kuchen gießen, die Gläser fest verschließen.

TIPP – STURZGLÄSER

Das sind Gläser, die nach oben weiter werden; aus ihnen lassen sich die Kuchen gut lösen. Jeder Kuchen reicht für 2–3 Personen. Die Kuchen halten sich im verschlossenen Glas 3–4 Monate.

raffiniert | ganz einfach

Schokoladen-Cakeballs

200 g selbst gebackener oder fertig gekaufter Schokoladen- oder Marmor-Rührkuchen
100 g Doppelrahm-Frischkäse
3 EL Kirschwasser (ersatzweise Kirschsaft)
20 g Amarenakirschen (Glas)
200 g dunkle Kuchenglasur
bunte Zuckerperlen zum Verzieren

Für 16 Stück
25 Min. Zubereitung | mind. 1 Std. Kühlen
Pro Stück ca. 140 kcal, 2 g EW, 9 g F, 12 g KH

1 Den Kuchen in einer großen Schüssel mit den Händen ganz fein zerbröseln. Frischkäse, Kirschwasser oder Saft verrühren. Amarenakirschen abtropfen lassen und mittelfein hacken. Käsecreme und Kirschen zu den Kuchenkrümeln geben.

2 Alles zu einem Teig verkneten. Daraus 16 gut walnussgroße Bällchen formen und auf einen Teller setzen. Mit Folie abdecken und im Tiefkühlgerät mindestens 1 Std. anfrieren lassen.

3 Die Kuchenglasur auf dem heißen Wasserbad schmelzen. Die angefrorenen Cakeballs in die Kuvertüre tauchen und zum Trocknen auf Backpapier setzen und sofort (das Trocknen geht sehr fix!) mit bunten Zuckerperlen garnieren.

VARIANTE – ZITRONEN-CAKEBALLS

Hierfür Zitronenkuchen verwenden und mit 1 TL fein abgeriebener Bio-Zitronenschale, 100 g Mascarpone, 30 g ganzen, ungesalzenen Pistazienkernen und 1 EL Lemon-Curd (Fertigprodukt) zubereiten. Mit weißer Kuvertüre überziehen, mit ganzen Pistazienkernen garnieren.

oben: Orangenkuchen im Glas | unten: Schokoladen-Cakeballs

Zum Gebrauch
Damit Sie Rezepte mit bestimmten Zutaten noch schneller finden können, stehen in diesem Register zusätzlich auch Zutaten wie **Erbsen** oder **Reis** – ebenfalls alphabetisch geordnet und **hervorgehoben** – über den entsprechenden Rezepten.

DIE GU-QUALITÄTS-GARANTIE

Liebe Leserin, lieber Leser,
wir möchten Ihnen mit den Informationen und Anregungen in diesem Buch das Leben erleichtern und Sie inspirieren, Neues auszuprobieren. Alle Informationen werden von unseren Autoren gewissenhaft erstellt und von unseren Redakteuren sorgfältig ausgewählt und mehrfach geprüft. Deshalb bieten wir Ihnen eine 100 %ige Qualitätsgarantie. Sollten wir mit diesem Buch Ihre Erwartungen nicht erfüllen, lassen Sie es uns bitte wissen. Sie erhalten von uns kostenlos einen Ratgeber zum gleichen oder ähnlichen Thema. Wir freuen uns auf Ihre Rückmeldung, auf Lob, Kritik und Anregungen, damit wir für Sie immer besser werden können.

GRÄFE UND UNZER Verlag
Leserservice
Postfach 86 03 13
81630 München
E-Mail:
leserservice@graefe-und-unzer.de

Telefon: 00800 / 72 37 33 33*
Telefax: 00800 / 50 12 05 44*
Mo–Do: 8.00–18.00 Uhr
Fr: 8.00–16.00 Uhr
(gebührenfrei in D, A, CH)*

Ihr GRÄFE UND UNZER Verlag
Der erste Ratgeberverlag – seit 1722.

Projektleitung: Stefanie Poziombka
Lektorat: Adelheid Schmidt-Thomé
Korrektorat: Susanne Elbert
Layout, Typografie und Umschlaggestaltung:
independent Medien-Design, Horst Moser, München
Satz: Liebl Satz+Grafik, Emmering
Herstellung: Sigrid Frank
Reproduktion: Repro Ludwig, Zell am See
Gesamtherstellung: Firmengruppe APPL, aprinta druck, Wemding

Syndication:
www.jalag-syndication.de

ISBN 978-3-8338-3289-5

2. Auflage 2014

Umwelthinweis
Dieses Buch ist auf PEFC-zertifiziertem Papier aus nachhaltiger Waldwirtschaft gedruckt.

www.facebook.com/gu.verlag

GRÄFE UND UNZER
Ein Unternehmen der
GANSKE VERLAGSGRUPPE

Die Autorinnen

Erika Casparek-Türkkan, Autorin vieler Kochbücher und Veröffentlichungen in namhaften Zeitschriften, lernte vor 30 Jahren nach ihrem Umzug von Köln nach München die bayerische Brotzeit-Kultur kennen und lieben. Sie wurde für sie zu einer echten Herausforderung. So entstand ein Rezepte-Schatz an Gerichten und Ideen für entspannte Brotzeiten.
Petra Casparek ist freie Autorin zahlreicher Koch- und Backbücher und Koch-Dozentin. Zuletzt hat sie das Buch »Pralinen selbst gemacht« veröffentlicht. Sie lebt in München und ist im Sommer häufig mit Familie und Freunden im Biergarten anzutreffen. Mit im Gepäck: Fleischpflanzerl, Kartoffelpaste und Salat.

Der Fotograf

Jörn Rynio zählt zu seinen Auftraggebern internationale Zeitschriften, namhafte Buchverlage und Werbeagenturen. Mit einer großen Portion Kreativität und appetitanregendem Styling setzt der Hamburger Fotograf Food-Spezialitäten aus aller Welt stimmungsvoll in Szene. Tatkräftig unterstützt wird er dabei von seinen Stylistinnen Petra Speckmann (Food) und Michaela Suchy (Requisite).

Titelbildrezept

Wurstsalat (S. 41)

Bildnachweis

Titelfoto: Eising FoodPhotography (Martina Görlach), München;
alle anderen Fotos: Jörn Rynio, Hamburg.

Die Temperaturangaben bei Gasherden variieren von Hersteller zu Hersteller. Welche Stufe Ihres Herdes der jeweils angegebenen Temperatur entspricht, entnehmen Sie bitte der Gebrauchsanweisung. Bei Elektroherden können die Backzeiten je nach Herd variieren.

So viel mehr lecker.

ISBN 978-3-8338-2888-1

ISBN 978-3-8338-1759-5

ISBN 978-3-8338-0299-7

ISBN 978-3-8338-0652-0

ISBN 978-3-8338-0302-4

Laden im App Store

e Auch als eBook erhältlich.

Mehr von GU auf **www.gu.de** und
facebook.com/gu.verlag

G|U

Willkommen im Leben.

Raffiniert gefüllte Brote

Wrap mit Gemüse und Käsecreme

Gefüllte Pitabrote

Tramezzini-Schnecken

Wraps mit Gemüse und Käsecreme

Für 4 Stück 2 kleine Zucchini waschen, putzen und in Scheiben schneiden. In 1 EL Öl leicht braun braten, salzen und pfeffern. 200 g Schafkäse zerdrücken, mit 2 EL Joghurt verrühren. Kresse von ½ Beet abschneiden und untermischen. 2 Eiertomaten halbieren, in Scheiben schneiden. 1 rote Paprikaschote in Streifen schneiden. 4 Wraps (Fertigprodukt) auslegen und erst die Hälfte der Käsecreme, dann Paprika, Zucchini und Tomaten darauf verteilen. (Beim Belegen rundum einen Streifen frei halten.) Alles mit Salz und Pfeffer bestreuen. Jeweils den unteren Streifen und eine Seite über die Füllung legen, Wrap aufrollen. Das untere Ende mit Frischhaltefolie umwickeln. Wraps bis zum Servieren stramm in Frischhaltefolie wickeln (sie saften eventuell durch) und im Kühlschrank aufbewahren.

Gefüllte Pitabrote

Den Backofen auf 150° (Umluft 130°) vorheizen. 4 Pitabrote (Supermarkt) auf dem Rost im Ofen (Mitte) 5 Min. aufbacken, erkalten lassen. Jedes Brot an einer Seite aufschneiden, sodass eine Tasche entsteht. Innen mit je 1 TL Pesto bestreichen. 200 g Taleggio-Käse in 1 cm dicke Scheiben schneiden, nach Wunsch entrinden und in den Broten verteilen. 4 getrocknete Tomaten in Streifen schneiden und auf den Käse legen, darauf je 1 Scheibe Pfeffersalami und die Scheiben von 8 schwarzen Oliven. 1 Handvoll Rucolablätter in die Taschen verteilen. Die Brote zusammendrücken und in Butterbrotpapier oder Frischhaltefolie packen.

Tramezzini-Schnecken

400 g Frischkäse mit den Blättern von 1 Bund Basilikum, 1 Knoblauchzehe und 1 TL abgeriebener Bio-Zitronenschale im Mixer zu einer feinen Paste verarbeiten. Mit Salz, Pfeffer und Zitronensaft herzhaft würzen. 1 rote Paprikaschote halbieren, putzen, waschen und längs in dünne Streifen schneiden. 4 große Stücke Frischhaltefolie auslegen, darauf je 1 Scheibe Tramezzini-Brot legen. Üppig mit Käsecreme bestreichen, an ein Ende je 3 Paprikastreifen legen. Die Tramezzini mithilfe der Folie längs sehr fest aufwickeln, die Folienenden zusammendrehen. Die Rollen im Tiefkühlgerät etwa 1 Std. anfrieren lassen. Die Folie entfernen und die Tramezzini in 4 cm breite Scheiben schneiden.